使える英会話
鉄板(テッパン)表現 160

浦島 久

はじめに

　24歳のときに始めた英語学校が今年、40周年を迎えました。この記念すべき年に本書を出すことができたのは何かの縁だと思います。実はこの本は『聞いて、聞いて覚える！ 英会話お決まり表現160』（マクミランランゲージハウス）の改訂版です。個人的にとても気に入っていた本だったので、もう一度復活させたいと願っていました。

　その電話がかかってきたのは、4月のある日のことでした。電話の主はコスモピアの徳永新一さん。「本が出ることになりました！」。正直ビックリしました。可能性を打診してから2年以上も経っていたのです。徳永さんは車内で何度も付属のCDを聞いてくれていたそうです。そして、中身が気に入り、編集会議にかけてくれたのでした。

　本書は、160の決まり文句を集めたものです。決まり文句とは、イディオムのようにバリエーションが豊かではありませんが、ある状況下で使えばピタッと決まる、そんな表現のことです。それをこの本では「鉄板表現」と呼んでいます。

　私は大学時代からこの鉄板表現が大好きでした。聞いたり読んだりして面白いと感じたものをノートに書きためていました。それが後に本という形になったのです。数限りなく存在する鉄板表現の中から、日常よく使われ、馴染みのある単

語で構成された、なおかつ年齢や性別を問わない、そんな表現を集めました。

　中には、的を得た状況に居合わせるのが難しいものもあるかもしれません。けれども、使い方を少し間違えたとしても、そこは愛嬌です。逆にそこから会話が広がったり、相手からその場に最適な表現を教えてもらえる場合もあるかもしれません。実際に使ってみることで、みなさんのこれまでの英語に新たなスパイスを効かせられるはずです。みなさんのチャレンジ精神に期待しています。

　最後になりましたが、英文作成に協力してくれたクライド・ダブンポートさん、折りにふれ貴重なアドバイスをくれる阿部一先生（阿部一英語総合研究所所長）とこの本に新しい命を与えてくれた坂本由子さん（コスモピア株式会社）にお礼を申し上げます。また、40年間という長きに渡り、私と一緒に人生を歩んでくれているスタッフ、そして生徒のみなさんにもお礼を申し上げます。

2016 年 6 月
浦島　久

目次

はじめに 2
本書の特長と構成 10
CDの構成 12

Unit 1 英会話学校で 13

1. **Not bad.** そこそこだよ。 14
2. **I have no idea.** さっぱり見当がつかない。 14
3. **Just kidding.** 冗談だよ。 15
4. **I see.** なるほど、そうですか。 15
5. **Don't panic.** あわてないで。 16
6. **I'm glad to hear that.** それはよかった。 16
7. **We'd better get going.** そろそろ行こうよ。 17
8. **After you.** お先にどうぞ。 17

● スキット　英会話レッスンの前に立ち話 18
● コラム　英会話の玉手箱
　すべては「なぜ?」から始まる 20

Unit 2 バースデイ・パーティー 21

9. **Guess what?** ねえねえ、何だと思う? 22
10. **That's cool.** いいですね。 22
11. **I wish I could.** できればそうしたいのですが。 23
12. **That's too bad.** それは残念です。 23
13. **I promise.** 約束します。 24

14. **That would be nice.** それはすてきです。 24
15. **Have fun.** 楽しんでください。 25
16. **See you later.** じゃ、またね。 25

● スキット　明日はバースデイ・パーティー 26
● コラム　英会話の玉手箱
　基本構文でコミュニケーション 28

Unit 3 いい旅を 29

17. **I can't believe it.** 信じられない。 30
18. **We'll see.** そのうちわかるよ。 30
19. **That's life.** 仕方がないよね。 31
20. **I guess so.** そうだと思うよ。 31
21. **It's getting late.** もうこんな時間だ。 32
22. **Have a nice trip.** 行ってらっしゃい。 32
23. **Don't work too hard.** 無理しないでね。 33
24. **I'll try.** やってみるよ。 33

● スキット　明日から休暇! 34
● コラム　英会話の玉手箱
　ネイティブ気分で話そう 36

Unit 4 お願い 37

25. **I'm glad you like it.** 気に入ってくれて、よかった。 38
26. **Make yourself comfortable.** くつろいでください。 38

27	**Maybe later, thanks.**
	今は結構です。 39

28	**I have a favor to ask you.**
	頼みたいことがあるのです。 39

29	**What can I do for you?**
	どうかしましたか？ 40

30	**That's right.**
	その通りです。 40

31	**If it's no trouble.**
	ご迷惑でなければいいんですが。 41

32	**I'd be honored.**
	喜んでそうさせていただきます。 41

●スキット　実はお願いがあるんです　42

●コラム　英会話の玉手箱
会話は短い文で話すのがいい　44

Unit 5 レストランにて　45

33	**So am I.**　私もです。 46
34	**Let's see.**　そうですねえ。 46
35	**Fine with me.**
	私はそれで結構です。 47
36	**I don't care.**
	私はかまいませんよ。 47
37	**Great idea.**　すばらしい。 48
38	**Be my guest.**
	どうぞご遠慮なく。 48
39	**Sounds good.**
	いいですね。 49
40	**That's true.**
	確かにそうです。 49

●スキット　何を頼みましょうか？　50

●コラム　英会話の玉手箱
日本人には日本人の英語がある　52

Unit 6 電話での会話　53

41	**Is Richard there?**
	リチャードさんはいらっしゃいますか？ 54
42	**He's out now.**
	外出中です。 54
43	**Can I leave a message?**
	伝言をお願いできますか？ 55
44	**Please ask him to call me.**
	電話をくださるようにお伝えください。 55
45	**I didn't get your name.**
	お名前をいただいていませんが。 56
46	**Does he have your number?**
	そちら様のお電話番号を存じておりますでしょうか？ 56
47	**When's the best time to call?**
	お電話を差し上げるにはいつがご都合よろしいでしょうか？ 57
48	**The sooner the better.**
	早ければ早いほどよいです。 57

●スキット　リチャードさんはいらっしゃいますか？　58

●コラム　英会話の玉手箱
わからなかったら Pardon?　60

Unit 7 日本での生活　61

49	**Who knows?**
	さあ、なんとも言えないなあ。 62
50	**Sure, why not?**
	もちろんです。 62
51	**Not me.**　私じゃないよ。 63
52	**Pardon?**
	もう一度言ってくれる？ 63

5

53	**Why do you ask?** それがどうかした？	64
54	**Just curious.** ちょっと気になっただけ。	64
55	**Not really.** それほどでもないよ。	65
56	**That reminds me.** 思い出した。	65

- ●スキット 日本には長く住みたいと思っていますか？ 66
- ●コラム 英会話の玉手箱 せめて中学2年生レベルの文法を！ 68

Unit 8 会社への不満 69

57	**What's the matter?** どうかしたのですか？	70
58	**I'm really fed up.** もううんざりだ。	70
59	**How come?** どうして？	71
60	**It's not fair.** 不公平だ。	71
61	**Just a thought.** ほんの思いつきだけど。	72
62	**I doubt it.** それはどうだか。	72
63	**I'll think about it.** 考えておくよ。	73
64	**Anytime.** どういたしまして。	73

- ●スキット もううんざりだ。こんなの不公平だよ 74
- ●コラム 英会話の玉手箱 必ずしも「沈黙は金」ならず 76

Unit 9 引っ越し 77

65	**May I ask you a favor?** お願いがあります。	78
66	**What for?** どうしてですか？	78
67	**You can count on me.** まかせてください。	79
68	**Don't be silly.** ばかげたことを言わないで。	79
69	**Thanks a million.** どうもありがとう。	80
70	**I owe you one.** 借りができたね。	80
71	**Forget it.** 気にしないで。	81
72	**It's no big deal.** たいしたことじゃないよ。	81

- ●スキット トラックを使ってもいいですか？ 82
- ●コラム 英会話の玉手箱 「英語環境」の中で暮らす 84

Unit 10 野球観戦 85

73	**Fancy meeting you here.** こんなところで会えるとは奇遇ですね。	86
74	**Long time no see.** 久しぶり。	86
75	**How's everything going?** 調子はいかがですか？	87
76	**The same as usual.** 相変わらずだよ。	87
77	**So do I.** 私も。	88
78	**No, I'm afraid not.** 残念だけど。	88
79	**Let's keep our fingers crossed.** 幸運を祈ろう。	89
80	**It was nice talking with you.** お話できてよかった。	89

- ●スキット　奇遇ですね　90
- ●コラム　英会話の玉手箱
  質問できれば答えがわかる　92

Unit 11 母への贈り物　93

- 81 **I work here.**
  ここで働いています。　94
- 82 **Didn't I tell you?**
  話してませんでしたか？　94
- 83 **I don't remember.**
  覚えていません。　95
- 84 **That's a piece of cake.**
  簡単だよ。　95
- 85 **It's on sale.**　特売品です。　96
- 86 **Perfect.**　完璧。　96
- 87 **Anything else?**　あとは？　97
- 88 **That's it.**　それで終わりです。　97
- ●スキット　母への贈り物を見つけたいのですが　98
- ●コラム　英会話の玉手箱
  音読は英語習得の王道　100

Unit 12 ドライブ　101

- 89 **Don't mention it.**
  どういたしまして。　102
- 90 **Oh dear.**　あらまあ。　102
- 91 **What should I do?**
  どうしましょうか？　103
- 92 **Don't worry.**
  心配しないで。　103
- 93 **Are you sure?**
  確かですか？　104

- 94 **What a coincidence!**
  偶然ですね！　104
- 95 **Gee.**　おやまあ。　105
- 96 **Could be.**
  そうかもしれませんね。　105
- ●スキット　家まで車で送りましょう　106
- ●コラム　英会話の玉手箱
  ひとりでも会話練習はできる　108

Unit 13 映画のあとで　109

- 97 **I don't agree.**
  同意はできないな。　110
- 98 **If you say so.**
  あなたがそう言うのなら。　110
- 99 **Give me a break.**
  勘弁してよ。　111
- 100 **It was silly.**
  つまらなかったよ。　111
- 101 **I still liked it.**
  それでも気に入っているんだ。　112
- 102 **I know.**　わかるよ。　112
- 103 **Let's face it.**
  正直に認めましょう。　113
- 104 **Let's forget it.**
  もういいよ。　113
- ●スキット　映画の好みは人それぞれ　114
- ●コラム　英会話の玉手箱
  相手の英語を利用する　116

Unit 14 初めてのフライト　117

- 105 **I couldn't help noticing.**
  気になるんだけど。　118

106	**How did you know?**	
	どうしてわかったの？	118
107	**It shows?**	
	わかりますか？	119
108	**A bit.** ちょっとね。	119
109	**Everybody does.**	
	みんなそうだよ。	120
110	**That's a relief.**	
	ほっとしました。	120
111	**I haven't decided yet.**	
	まだ決めていません。	121
112	**I don't want to trouble you.**	
	迷惑をかけたくないのです。	121

- ●スキット 飛行機は初めてですか？ 122
- ●コラム 英会話の玉手箱
  あいづち上手は英語上手 124

Unit 15 夏休み　125

113	**I'll drink to that.**	
	ほんと、そうだよね。	126
114	**Definitely.** 絶対に。	126
115	**It depends.**	
	場合によりけりかな。	127
116	**And one more thing.**	
	それからもうひとつ。	127
117	**What's that?**	
	それで何？	128
118	**Good question.**	
	いい質問だ。	128
119	**It's my turn.** 私の番です。	129
120	**I can't wait.** 待ち遠しい。	129

- ●スキット 夏休みには山へ行こう！ 130
- ●コラム 英会話の玉手箱
  否定疑問文は油断大敵 132

Unit 16 テニスのあとで　133

121	**That goes without saying.**	
	言われるまでもない。	134
122	**Let me give you some advice.**	
	アドバイスさせてもらえるかな。	134
123	**I'll work on it.**	
	やってみるよ。	135
124	**My treat.** おごるよ。	135
125	**Any place is fine.**	
	どこでもいいよ。	136
126	**Good suggestion.**	
	いい案だね。	136
127	**I'm a little short on cash.**	
	現金の持ち合わせが少ししかない。	137
128	**Let's split the bill.**	
	割り勘にしよう。	137

- ●スキット テニスのあとで行きつけの店へ 138
- ●コラム 英会話の玉手箱
  身近なアイドルを探せ！ 140

Unit 17 乾杯！　141

129	**Here's to you.**	
	君に乾杯。	142
130	**Cheers!** 乾杯！	142
131	**None of your business.**	
	関係ないでしょう。	143
132	**to tell you the truth**	
	本当のことを言うと	143
133	**Just as I thought.**	
	やっぱり。	144
134	**Anything you say.**	
	何とでも。	144

8

135	**Hang in there.**	
	がんばって。	145
136	**Let's order another round.**	
	もう一杯ずつ頼もう。	145

● スキット　君の新しい仕事に乾杯！　146
● コラム　英会話の玉手箱
　得意な話題を持とう　148

Unit 18 私の兄　149

137	**Sure is.**　確かにそうですね。	150
138	**Then what?**	
	それで、どうなったの？	150
139	**That's terrible.**	
	それはひどい。	151
140	**Luckily, no.**	
	幸い、そうはならなかったよ。	151
141	**I bet.**　でしょうね。	152
142	**You know what?**	
	聞いてください。	152
143	**No way.**　まさか。	153
144	**It's true.**　本当ですよ。	153

● スキット　兄が犬を連れて散歩をしていると……　154
● コラム　英会話の玉手箱
　リスニングには2種類ある　156

Unit 19 タクシーに乗る　157

145	**Could you step on it?**	
	車を飛ばしていただけませんか？	158
146	**Got you.**　了解。	158
147	**It'll take forever.**	
	いつまでたっても終わらないよ。	159

148	**Trust me.**　信用してよ。	159
149	**I didn't know.**	
	知らなかった。	160
150	**You could say that.**	
	まあそんなところでしょう。	160
151	**I'm impressed.**	
	すごい、驚いたよ。	161
152	**It was easier than I thought.**	
	思ったより簡単だった。	161

● スキット　このタクシーは禁煙です　162
● コラム　英会話の玉手箱
　自己紹介で自分を語る　164

Unit 20 よい計画　165

153	**Could you speak up?**	
	大きな声で話していただけますか？	166
154	**That's what I said.**	
	その通りです。	166
155	**What do you mean?**	
	どういう意味ですか？	167
156	**Let me say one thing.**	
	ひとこと言わせてください。	167
157	**I agree.**　賛成です。	168
158	**Exactly.**	
	まさにその通りです。	168
159	**That's the whole point.**	
	そこがまさにポイントです。	169
160	**Like what?**	
	例えば、どのようにですか？	169

● スキット　よい計画とは？　170
● コラム　英会話の玉手箱
　これが別れのテクニック　172

チェックリスト　173
インデックス　182

9

本書の特長と構成

本書の特長

❶ お決まり（鉄板）表現を厳選

　　ここで取り上げた 160 の表現は「日常よく使われるもの」「年齢・性別の区別なく使えるもの」「なじみのある単語から構成されている比較的短いもの」「意味的に相手から誤解を受けないもの」を中心に選んであります。

❷ 使えるようになるために表現 160 が 5 回繰り返して登場

　　❶で取り上げた表現は、音声も含めて本書の中で 5 回繰り返され、使えるようになるための定着をはかります。

　　まず Unit の冒頭で聞くスキット。そのユニットで扱う鉄板表現8個が示されます。その 8 つの表現が会話の中でどのように使われているか聞き取ります。あわせて内容のポイントを示す設問にも答えます。

　　次に本文では、表現解説と会話例が示されます。Unit の最後には冒頭で聞いたスキットの英文と訳と語注があり再確認ができます。内容をしっかり理解して会話の流れの中での表現の使い方を理解します。

　　そして最後のチェックリストでは、表現の一覧をチェックできます。ダウンロード音声では日本語を聞きながら、その表現が英語で言えるまで定着したかを確認することができます。

❸ 英会話学習のためのヒント

　　「英会話の玉手箱」には、著者の英会話学習に関する体験談、勉強法、スムーズな会話ができるようになるためのコツなど、役に立つヒントがいっぱい。英会話の初級レベルから1日でも早く脱出したい方におすすめのコラムです。

本書の構成と使い方

❶ 各 Unit の冒頭ページ

ユニットで扱う鉄板表現8個が示されます。その8つの表現が会話の中でどのように使われているか聞き取ります。あわせて内容のポイントを示す設問にも答えます。

❷ 各 Unit の表現解説のページ

8個の表現の使い方の解説と会話例が示されます。会話例は音声に収録されています。ダウンロード版では、あとについて声に出す練習（リピーティング）ができるように、ポーズが入っています。

❸ スキットのページ

①で聞いたスキットの英文と訳と語注があるページです。ここでは耳だけで聞いてあいまいだった部分についても意味をしっかり確認し、会話の流れの中での表現の使い方を理解します。テキストを見ながら音声を聞き、声に出して読んだり（パラレルリーディング）、テキストを見ないで音声のあとをついてまねて発音したり（シャドーイング）、そして音読など、練習法を工夫してください。

❹ コラム 英会話の玉手箱

著者の体験に基づいた、効果のある学習法や会話のコツなどが、わかりやすく書かれています。やる気と元気が出てくるコラムです。

11

本書のCDの構成

本書のCDは何度も繰り返し聞き流しができるように作られています。そのため、タイトルなども入っておらず、いきなりUnit1から始まります。

ダウンロード版ではスピーキングの口慣らしトレーニングをすることができます。ダウンロードのmp3の番号は、すべて音声CDのトラック番号と同じです。ダウンロード版には、本文のABの会話のあとにポーズが入れられ、リピーティングができるようになっています。また、最後のチェックリストは、日本語の音声のあとにポーズがとられています。そのポーズの間に英語を口に出して言ってみてください。そのあとに英語の音声が流れます。

★ダウンロード版→ http://www.cosmopier.com/downloadstation/

Track	ページ	内容	Track	ページ	内容	Track	ページ	内容
1	13	Unit 1 スキット	30	70-71	表現 57-60	59	128-129	表現 117-120
2	14-15	表現 1-4	31	72-73	表現 61-64	60	130	Unit 15 スキット
3	16-17	表現 5-8	32	74	Unit 8 スキット	61	133	Unit 16 スキット
4	18	Unit 1 スキット	33	77	Unit 9 スキット	62	134-135	表現 121-124
5	21	Unit 2 スキット	34	78-79	表現 65-68	63	136-137	表現 125-128
6	22-23	表現 9-12	35	80-81	表現 69-72	64	138	Unit 16 スキット
7	24-25	表現 13-16	36	82	Unit 9 スキット	65	141	Unit 17 スキット
8	26	Unit 2 スキット	37	85	Unit 10 スキット	66	142-143	表現 129-132
9	29	Unit 3 スキット	38	86-87	表現 73-76	67	144-145	表現 133-136
10	30-31	表現 17-20	39	88-89	表現 77-80	68	146	Unit 17 スキット
11	32-33	表現 21-24	40	90	Unit 10 スキット	69	149	Unit 18 スキット
12	34	Unit 3 スキット	41	93	Unit 11 スキット	70	150-151	表現 137-140
13	37	Unit 4 スキット	42	94-95	表現 81-84	71	152-153	表現 141-144
14	38-39	表現 25-28	43	96-97	表現 85-88	72	154	Unit 18 スキット
15	40-41	表現 29-32	44	98	Unit 11 スキット	73	157	Unit 19 スキット
16	42	Unit 4 スキット	45	101	Unit 12 スキット	74	158-159	表現 145-148
17	45	Unit 5 スキット	46	102-103	表現 89-92	75	160-161	表現 149-152
18	46-47	表現 33-36	47	104-105	表現 93-96	76	162	Unit 12 スキット
19	48-49	表現 37-40	48	106	Unit 12 スキット	77	165	Unit 20 スキット
20	50	Unit 5 スキット	49	109	Unit 13 スキット	78	166-167	表現 153-156
21	53	Unit 6 スキット	50	110-111	表現 97-100	79	168-169	表現 157-160
22	54-55	表現 41-44	51	112-113	表現 101-104	80	170	Unit 20 スキット
23	56-57	表現 45-48	52	114	Unit 13 スキット	81	173	チェックリスト 1-16
24	58	Unit 6 スキット	53	117	Unit 14 スキット	82	174-175	チェックリスト 17-52
25	61	Unit 7 スキット	54	118-119	表現 105-108	83	176-177	チェックリスト 53-88
26	62-63	表現 49-52	55	120-121	表現 109-112	84	178-179	チェックリスト 89-124
27	64-65	表現 53-56	56	122	Unit 14 スキット	85	180-181	チェックリスト 125-160
28	66	Unit 7 スキット	57	125	Unit 15 スキット			
29	69	Unit 8 スキット	58	126-127	表現 113-116			

Track 01

Unit 1

英会話学校で
At an English Conversation School

Question

久美子は英会話学校の教室の前で、ジョン先生と会っています。さて、今日の授業はどんな内容でしょうか？ スキットを聞きながら、下の表現を参考に考えてみましょう。

このユニットで学ぶ鉄板表現 1 - 8

1. ☐ **Not bad.** そこそこだよ。
2. ☐ **I have no idea.** さっぱり見当もつかないんだ。
3. ☐ **Just kidding.** 冗談だよ。
4. ☐ **I see.** なるほど、そうですか。
5. ☐ **Don't panic.** あわてないで。
6. ☐ **I'm glad to hear that.** それはよかった。
7. ☐ **We'd better get going.** そろそろ行こうよ。
8. ☐ **After you.** お先にどうぞ。

1

Not bad.
そこそこだよ。

▶▶ 直訳すると「悪くはない」になります。「最低ではないが、最高でもない」、そんなごく普通の状態をくだけて言うのがこのフレーズです。似たような表現としては、So-so. / It's OK. / Yes and no. などがあります。

A: How was the movie?
B: Not bad. The ending was a little strange, though.

A: 映画はどうだったの？
B: まあまあかな。最後のシーンはちょっと変だったけどね。

2

I have no idea.
さっぱり見当がつかないんだ。

▶▶ 「アイデアをもっていない」が転じて「いい考えがさっぱり浮かんでこない」になります。I don't know. はこの表現よりも柔らかい表現です。I don't have the slightest idea.（まったく思い浮かばない）もよく使われます。

A: Do you know where the car keys are?
B: I have no idea.

A: 車の鍵はどこか知らない？
B: 見当もつかないなあ。

3

Just kidding.
冗談だよ。

▶▶ 動詞の kid には「からかう、かつぐ」の意味があります。それに「ほんの、ただ」という意味を持つ just をつけることで、「ただからかっただけ」という軽い冗談を表すフレーズになります。Just joking. も同じように使える表現です。

A: Look! There's Tom Hanks.
B: Where?!
A: Just kidding.

A: 見て！トム・ハンクスよ。
B: どこどこ？！
A: 冗談よ。

4

I see.
なるほど、そうですか。

▶▶ あいづちのひとつです。「わかった」と相手の言ったことを理解した、というニュアンスを込めたいときにこのフレーズが便利です。ほかに似た表現としては、I understand. があります。

A: I'm afraid we're closed on Sundays.
B: I see.

A: 申し訳ございませんが、日曜日は閉店しております。
B: そうですか。

5

Don't panic.

あわてないで。

▶▶ 明らかにうろたえている相手を励まして、落ち着かせるときの言葉です。Take it easy.（気楽に考えて）と言うこともできます。

A: We'll never finish in time.
B: Don't panic. We can ask Mary to help us.

A: 時間内には絶対終わらないわ。
B: あわてないで。メアリーに手伝ってもらうように頼んでみようよ。

6

I'm glad to hear that.

それはよかった。

▶▶ 相手の話を聞いて、ねぎらいや喜び、安堵などを表すフレーズとしてよく使われます。逆に「残念だ」という気持ちを表すときには、I'm sorry to hear that. と言うことができます。

A: I've found a new job.
B: I'm glad to hear that.

A: 新しい仕事が見つかったの。
B: それはよかった。

7

We'd better get going.
そろそろ行こうよ。

▶▶ 相手に出発を促すときに使える便利なフレーズです。どこかに一緒に出かけるときには、Shall we go? / It's time to go. / Let's go. なども使われます。

A: It's getting dark.
B: Yes, we'd better get going.

A: 暗くなってきたわね。
B: そうだね、そろそろ行こうか。

8

After you.
お先にどうぞ。

▶▶ 順番を譲るときに使われる表現です。日本語では、「相手が先」に行くように譲りますが、英語では「自分があと」から行くことになります。Go ahead. と言うこともできますが、これは話の先を続けるようにうながす表現としても使われます。

A: Here's my apartment. After you.
B: Thank you.

A: ここが私のアパートです。お先にどうぞ。
B: ありがとう。

スキット 英会話レッスンの前に立ち話

p.13 で聞いたのは、実はこんな会話でした。スキットで扱ったキーフレーズを、使えるように練習しましょう。

John: Hi, Kimiko. How are you?
Kumiko: I'm fine. And you?
John: **Not bad.**
Kumiko: So what are we studying in class today?
John: **I have no idea.**
Kumiko: Really?
John: No. **Just kidding.** We're going to study some useful expressions.
Kumiko: **I see.**
John: And we're going to have a test.
Kumiko: A test?
John: **Don't panic.** It's just a short test.
Kumiko: **I'm glad to hear that.**
John: Well, it's almost time for class.
Kumiko: Yes, **we'd better get going. After you.**

Skit ▶ Track 04

ジョン：やあ、久美子さん。元気ですか？
久美子：元気ですよ。先生は？
ジョン：そこそこですね。
久美子：今日の授業は何を勉強するのですか？
ジョン：思いつかないんですよ。
久美子：えっ、ほんとに？
ジョン：いや。冗談ですよ。いくつか役に立つ表現を勉強します。
久美子：そうですか。
ジョン：それから、テストをしますよ。
久美子：ええっ、テストですか？！
ジョン：そんなにあわてないで。ほんの小テストだから。
久美子：それを聞いて安心しました。
ジョン：そろそろ授業が始まる時間だね。
久美子：そうですね。そろそろ行きましょうか。お先にどうぞ。

Notes

- **useful**　役に立つ
  English is a useful language.
  英語は役に立つ言葉です。

- **expression**　表現
  That man uses too many poetic expressions.
  あの人はあまりにも詩的表現を使いすぎる。

- **short test**　小テスト＜ quiz とも言う＞

Answer

役に立つ表現を学ぶ。そして小テストがある。

英会話の玉手箱

すべては「なぜ？」から始まる

　何事においても、目標を持たず当てもなくさまようことが失敗の原因のひとつです。英語の学習も決して例外ではありません。今一度、「なぜ、自分は英語と取り組もうとしているのか？」と、自問自答してみてください。

　「留学したいから」「海外勤務のため」「会社での業務上必要だから」「国際結婚することになったので」などという強い目的意識があれば、英語学習の成果はかなり期待できるはずです。それほどの動機がなくても、「海外旅行をより楽しむために」「英語の歌をカラオケのレパートリーに加えたい」「外国人の友だちが欲しい」などということも立派な理由になります。

　私が経営する英語学校の社会人コースにも、この「なぜ？」に明確な答えを出せない生徒がいます。そんな人たちがよく口にするのは「好きだから」です。私は最近、「これでもいいのかもしれない」と考えるようになりました。嫌いなことは続きません。好きでやっているうちに、次の目標ができることもあるのです。

　この「なぜ？」という質問にはっきり答えることができれば、あとは簡単。その目標に近づくために具体的な計画を作ればよいのです。もちろん、その計画を実行できるように努力しなければなりません。ただし、Easier said than done.（言うは易く行うは難し）ということは誰でも知っています。

Track 05

Unit 2
バースデイ・パーティー
Birthday Party

Question ▶▶

トムは夏子のバースデイ・パーティーに行くことができそうにありません。トムはその代わりにどんな約束を夏子にしたのでしょうか？ スキットを聞きながら、下の表現を参考に考えてみましょう。

このユニットで学ぶ鉄板表現 9 - 16

9 ☐ **Guess what?** ねえねえ、何だと思う？
10 ☐ **That's cool.** いいですね。
11 ☐ **I wish I could.** できればそうしたいのですが。
12 ☐ **That's too bad.** それは残念です。
13 ☐ **I promise.** 約束します。
14 ☐ **That would be nice.** それはすてきです。
15 ☐ **Have fun.** 楽しんでください。
16 ☐ **See you later.** じゃ、またね。

9

Guess what?

ねえねえ、何だと思う？

▶▶ 自分から話題を切り出したいときに、「何だと思う？」とわざと問いかけ、相手の注意を引くフレーズです。相手は what? と必ず聞き返してきますから、そこで「実は……」と内容を話します。ほかにも、Guess who? / Guess where? / Guess when? / Guess why? / Guess how? などがあります。

A: Guess what?
B: What?
A: I got a raise.

A: 何だと思う？
B: 何？
A: 昇給したのよ。

10

That's cool.

いいですね。

▶▶ 相手が話したことに対して「いいですね！」とほめたたえる表現です。ストレートに Cool! / Fantastic! / Wonderful! と形容詞のみで表現することもできます。もう少し丁寧に言いたいときには、That's fantastic. / That's neat. / That's interesting. などと言うことができます。

A: I'm going to Thailand this summer.
B: That's cool.

A: この夏、タイに行くんですよ。
B: それはいいですね。

11

I wish I could.
できればそうしたいのですが。

▶▶ 相手の誘いや依頼などを丁寧に断りたいときに使います。ぶっきらぼうに No. だけで終わらせてしまうのは失礼なので、このフレーズや I'm afraid I can't. のあとに、but... あるいは because... などと理由を添え、説明を加えるのがいいでしょう。

A: Could you help us with the show?
B: I wish I could, but I'm busy.

A: ショーを一緒に手伝ってくれませんか？
B: できればそうしたいんだけど、忙しいんだ。

12

That's too bad.
それは残念です。

▶▶ 相手がついていなかったり、気の毒なことが起こったりしたときに、相手に対する同情を表す表現です。Sorry to hear that.（お気の毒に）/ That's a shame. / That's a pity. なども用いられます。

A: We lost the game.
B: That's too bad.

A: 試合、負けちゃった。
B: 残念だったね。

13

I promise.
約束します。

▶▶ 直訳すると「約束するよ」です。こう口に出すことで、自分の言葉や行動を保証することになり、相手に信じてもらいたいときに使う表現になります。「必ずそうする」という意味では、Of course I will. も一般的です。

A: You'll pay me next week?
B: I promise.

A: 来週はお金を払ってくれるの？
B: 約束するよ。

14

That would be nice.
それはすてきです。

▶▶ 何かよいことがこれから起こることを聞いたり知ったりしたときに、素直に喜びを伝える表現です。感謝を込めたいときには、That's very kind of you. とも言い、喜んでいることを伝えたいときには、That would be wonderful. とも言うことができます。

A: I'll send you a copy of the DVD later.
B: That would be nice.

A: コピーした DVD をあとから送りますね。
B: それはありがたい。

15

Have fun.

楽しんでください。

▶▶ 楽しいイベントに出かける人に声をかけるときのひとことです。日本語の「行ってらっしゃい」にニュアンスが近いのですが、at、in などの「前置詞＋場所」やイベントを付け足すことで、もっと具体的な内容を指すことができます。Enjoy yourself. / Have a nice time. なども用いられます。

A: So you're going to Tokyo. Have fun.
B: I'm sure I will.

A: 東京へ行くんですね。楽しんでください。
B: ええ、そうします。

16

See you later.

じゃ、またね。

▶▶ 友だち同士が別れるときのあいさつで、「さようなら」の代わりに気軽に用いられています。Catch you later. / See you around. もよく使われますし、親しい間柄なら、短く See ya. や Later. でも大丈夫です。

A: See you later.
B: Yeah, see you. Bye.

A: じゃ、またね。
B: うん、またね。バイバイ。

スキット 明日はバースデイ・パーティー

p. 21 で聞いたのは、実はこんな会話でした。スキットで扱ったキーフレーズを、使えるように練習しましょう。

Natsuko: **Guess what?**
Tom: What?
Natsuko: Tomorrow's my birthday.
Tom: **That's cool.** Happy birthday!
Natsuko: I'm having a party tomorrow night. Can you come?
Tom: **I wish I could,** but I have to work.
Natsuko: **That's too bad.**
Tom: I'll buy you dinner sometime. **I promise.**
Natsuko: **That would be nice.**
Tom: Well, I've got to run, **have fun.**
Natsuko: Thanks. **See you later.**
Tom: Yeah. Bye.

Skit ▶ Track 08

夏子：ねえねえ、何だと思う？
トム：何？
夏子：明日は私の誕生日なの。
トム：いいですねえ。誕生日おめでとう！
夏子：明日の夜、パーティーを開くの。来られる？
トム：できれば行きたいけど、仕事があるんだ。
夏子：それは残念。
トム：いつか夕食をごちそうするよ。約束する。
夏子：それはすてき。
トム：さて、そろそろ行かなければ、楽しんでね。
夏子：ありがとう。それじゃまた。
トム：うん、またね。

Notes

- **have a party**　パーティーを開く

- **buy you dinner**　あなたに夕食をおごる
  Let me buy you lunch.
  昼食をおごらせてください。

- **have got to...**　～しなければならない
  I've got to go now.
  そろそろ行かなくちゃ。

Answer

いつか夕食をごちそうすること。

英会話の 玉手箱

基本構文でコミュニケーション

　話したいという熱意があれば、英語力を超越したコミュニケーションが成立するようです。学生時代にしたヨーロッパ一周のひとり旅で私はそんな場面にたくさん遭遇しました。

　旅行中に宿泊したユースホステルでは、毎晩のように世界各地から来た若者が暖炉の前に集まり、コミュニケーションの輪が広がっていました。その日の経験は特に強烈なもので、40年近くたった今でも忘れられません。

　私の話相手になってくれたのはイタリアからの大学生でした。彼の英語は初級レベルで高度な会話は成立しませんでしたが、彼も私と同様に自分の英語力をアップさせたいという願望があったのでしょう。とにかくコミュニケーションしたいという気持ちが、こちらにも伝わってきました。

　気がつくと、私たちは中学1年で学ぶような基本構文だけで話をしていました。例えば、Do you know...? や Do you like...? の構文を使い、目的語に知っているロックバンド名や曲名を入れるだけで何時間も平気で会話していたのです。

　書店に行くと、『10の構文で話せる英会話』のような本がたくさん並んでいます。こんな本を1冊マスターするだけで何時間もコミュニケーションできるかもしれません。試してみてください。

Track 09

Unit 3

いい旅を

Have a Nice Trip!

Question

ジェニーは、1カ月間も夏休みをとります。では、加藤さんの夏休みはどんなものでしょうか？ スキットを聞きながら、下の表現を参考に考えてみましょう。

このユニットで学ぶ**鉄板表現** 17 - 24

- 17 ☐ **I can't believe it.** 信じられない。
- 18 ☐ **We'll see.** そのうちわかるよ。
- 19 ☐ **That's life.** 仕方がないよね。
- 20 ☐ **I guess so.** そうだと思うよ。
- 21 ☐ **It's getting late.** もうこんな時間だ。
- 22 ☐ **Have a nice trip.** いってらっしゃい。
- 23 ☐ **Don't work too hard.** 無理しないでね。
- 24 ☐ **I'll try.** やってみるよ。

17

I can't believe it.
信じられない。

▶▶ 何かありえないようなことが起きたときに、強い驚きを表す表現です。
That's a surprise. / I don't believe it. / It can't be. とも言えます。

> **A:** Is that John with Noriko? I can't believe it!
> **B:** I thought they broke up.

A: のり子といるのはジョンじゃない？ 信じられないわ！
B: あのふたり、別れたと思ったけど。

18

We'll see.
そのうちわかるよ。

▶▶ 答えを出す前にしばらく様子を見てみようじゃないか、と結論を先送りにするときの表現です。We'll find out later. / Time will tell.（時間がたてばわかるよ）とも言います。

> **A:** Do you think she'll come to the party?
> **B:** We'll see.

A: 彼女、パーティーに来ると思う？
B: まあ、今にわかるさ。

19

That's life.
仕方がないよね。

▶▶ 「人生こんなものだ」と半ば諦めの気持ちをこめて言うときに使います。同じような表現が、That's the way it goes.（世の中ってこんなものだ）です。

A: The tickets are already sold out.
B: That's life.

A: チケット、もう売り切れですって。
B: それじゃ仕方ないね。

20

I guess so.
そうだと思うよ。

▶▶ 絶対そうだという確信はないけれども、とりあえずあいまいな肯定の返事をするときに使います。I suppose so.（自分はそう思うけどね）/ Maybe. も一般的です。

A: Can you help my brother move?
B: I guess so.

A: 兄の引っ越しを手伝ってもらえますか。
B: だと思うけど。

21

It's getting late.

もうこんな時間だ。

▶▶ 「もうそろそろ帰る」と相手に別れを告げるときに使う便利な表現です。Look at the time.（時間を見て）も同じような状況で使えます。

A: **It's getting late.** I have to go now.
B: OK. See you.

A: もうこんな時間だわ。そろそろ帰らなくちゃ。
B: うん、じゃまたね。

22

Have a nice trip.

行ってらっしゃい。

▶▶ 出かける相手をねぎらうときの「いってらっしゃい」に相当するフレーズです。英語では、Have a nice flight. / Have a nice weekend. / Have a nice time. などと、状況に応じて使い分けています。

A: See you when I get back.
B: Yeah. **Have a nice trip.**

A: じゃ、また戻ってきたときに。
B: そうだね。行ってらっしゃい。

23

Don't work too hard.

無理しないでね。

▶▶ 「じゃ、がんばってね」にあたる、相手をいたわる表現です。日本語では相手を激励するのが常ですが、英語では、Don't study too hard. / Take it easy.（気楽にやりなよ）/ Stay cool.（じっくりやりなよ）などと、相手の労苦を思いやる気持ちが先に出てきます。

A: Don't work too hard.
B: Me? I never work too hard!

A: 無理しないでね。
B: 僕がかい？　いつだって気楽にやってるさ。

24

I'll try.

やってみるよ。

▶▶ 「確約はできないが、努力してみる」というニュアンスを込めて使います。I'll do my best. / I'll see what I can do.（やるだけやってみるさ）とも言うことができます。

A: Could you talk to her about it?
B: I'll try.

A: 彼女にこのこと言ってみてくれませんか。
B: やってみるよ。

スキット 明日から休暇！

p. 29 で聞いたのは、実はこんな会話でした。スキットで扱ったキーフレーズを、使えるように練習しましょう。

Kato: So, you leave for France tomorrow?

Jenny: Yes, **I can't believe it.** I'll be in Paris, for a whole month.

Kato: Maybe you'll be speaking French when you come back.

Jenny: Well, **we'll see.** So you're not going anywhere for vacation?

Kato: No, I'm just staying here. I only have one week off. But **that's life.**

Jenny: **I guess so.**

Kato: Well, **it's getting late.** You have a big day tomorrow.

Jenny: You're right. I should get a good night's rest.

Kato: **Have a nice trip.**

Jenny: Thanks. And **don't work too hard.**

Kato: I won't. Send me a card from Paris.

Jenny: **I'll try.**

Skit ▶ Track 12

加藤：じゃ、明日フランスに発つんだね？
ジェニー：ええ、信じられないけど。まる1カ月はパリにいることになるわね。
加藤：帰ってきたら、フランス語を話すようになってたりして。
ジェニー：うーん、そのうちわかるわ。で、休暇はどこにも行かないの？
加藤：うん、ここにいるよ。1週間しか休みがないんだ。
でも、仕方がないよね。
ジェニー：そうね。
加藤：おや、もうこんな時間だ。明日は大変だね。
ジェニー：そうね。ゆっくり休んだほうがよさそうね。
加藤：いい旅行を。
ジェニー：ありがとう。働きすぎないように。
加藤：はい。パリからハガキを送ってね。
ジェニー：そうするわ。

Notes

- **leave for...** 〜へ発つ
  He is supposed to leave Kushiro for Sapporo tomorrow.
  明日彼は釧路から札幌に発つことになっています。

- **have a big day** 大変な日になる（big は「たいそうな」の意味）

- **get a good night's rest** 夜によく休んでおく

Answer

休暇は1週間しかなく、しかもどこかへ行く予定もない。

英会話の玉手箱

ネイティブ気分で話そう

　私のこれまでの学習の中でなかなか身につかなかったのが、感情を込めて英語を話すという習慣でした。

　外国に出かけると、身ぶり手ぶりを駆使して、ネイティブなみのコミュニケーションを取ろうとする自分がいました。しかし、そこが日本だったり、知り合いの日本人の前で話すとなると、急にシャイになってしまうのです。

　外国人と会話する際には、恥ずかしいという感情は少しぐらい忘れたほうが賢明のようです。勇気を出して、普段から感情を込めて英語を話す訓練をしてみましょう。感情の込め方は、基本的には日本語を話すときとほぼ同じに考えることができます。声の調子や顔の表情で喜怒哀楽を思い切って表現してみてください。

　「素晴らしい！」と言うのであれば、そんな感情をたっぷり込めて Great! / Wonderful! / Splendid! / Terrific! と少し大きめの声で言ってみましょう。反対に、That's too bad. / I'm very sorry. / That's really sad. などと言う場合には、遺憾の気持ちをきちんと伝えられるかどうかが大事です。

　どんなに発音やイントネーションが完璧でも、「話し手の英語に熱意が感じられない」というような印象を与えるようでは、コミュニケーションの本来の意味では失敗です。

　人間性がにじみ出るような英語、そんな英語を話せるようになりたいものです。

Track 13

Unit 4

お願い
A Request

Question ▶▶

深刻な顔でマーサは会社の上司、佐藤さんのお宅を訪ねます。いったい彼女は何を頼みに来たのでしょうか？ スキットを聞きながら、下の表現を参考に考えてみましょう。

このユニットで学ぶ**鉄板表現** 25 - 32

25 ☐ **I'm glad you like it.** 気に入ってくれて、よかった。
26 ☐ **Make yourself comfortable.** くつろいでください。
27 ☐ **Maybe later, thanks.** 今は結構です。
28 ☐ **I have a favor to ask you.** 頼みたいことがあるのです。
29 ☐ **What can I do for you?** どうかしましたか？
30 ☐ **That's right.** その通りです。
31 ☐ **If it's no trouble.** ご迷惑でなければいいんですが。
32 ☐ **I'd be honored.** 喜んでそうさせていただきます。

37

25

I'm glad you like it.
気に入ってくれて、よかった。

▶▶ 相手がほめてくれたことに対して、「よかった」と素直に感想を述べるときの表現です。日本語では、ほめられると謙遜することが美徳とされますが、英語では「ほめてもらってとてもうれしい」と気持ちを伝えることが重要です。It's kind of you to say so. という表現も使われます。

A: Thank you for the present. It's great.
B: I'm glad you like it.

A: プレゼント、ありがとう。とても気に入ったわ。
B: それはよかった。

26

Make yourself comfortable.
くつろいでください。

▶▶ 「自分のことを快適にしてください」、つまり「くつろいで楽にしてください」の意味。Make yourself at home.（自分の家と思って楽にしていてください）や Take your time.（気楽に過ごしてください）とも言うことができます。

A: You can wait here. Please make yourself comfortable.
B: Thank you.

A: ここでお待ちを。どうぞ、くつろいでいてください。
B: ありがとう。

27

Maybe later, thanks.
今は結構です。

▶▶ 「とりあえず今のところはいらないので遠慮するが、感謝している」と言いたいときに使います。No. ときっぱり断ってしまうと相手の行為を無駄にすることになるので、こういう柔らかな断わり文句も必要です。Not right now, thanks. / I'm fine for now. / Maybe some other time. も使えます。

A: Can I get you a cup of coffee?
B: Maybe later, thanks.

A: コーヒーを持って来ましょうか。
B: ありがとう、でも今は結構です。

28

I have a favor to ask you.
頼みたいことがあるのです。

▶▶ 相手の好意を期待し、折り入って頼みたいことがあるときに使います。Can I ask you a favor? や Could you do me a favor? も同様に使え、便利な表現です。

A: I have a favor to ask you.
B: OK.
A: Could you water my plants when I'm on vacation?

A: お願いがあるんですが。
B: いいよ。
A: 私が休暇をとっている間、植木に水をやっていただけませんか？

29

What can I do for you?
どうかしましたか？

▶▶ お店やデパートに入ったとき、「何かございましたら、承ります」と店員が話しかけてくるときの決まり文句です。How can I help you? / May I help you? とも言います。

A: Is this the information desk?
B: Yes. What can I do for you?

A: インフォメーション・カウンターですか。
B: はい。何かございましたか？

30

That's right.
その通りです。

▶▶ 相手の言葉を肯定するとき、ただ Yes. というだけではなく、内容を把握し、それが正しいと認めるときに使います。That's correct. とも言います。

A: So you'd like a table for four?
B: That's right.

A: それでは、お席は4名様でよろしいですか？
B: ええ、そうです。

31

If it's no trouble.

ご迷惑でなければいいんですが。

▶▶ 人にものを頼むときに、相手の負担を気づかう表現で、日本語の「悪いね、すまないね」に相当します。If you don't mind. とも言います。

A: Can I drive you there?
B: If it's no trouble.

A: そこまでお送りしましょうか。
B: ご迷惑でなければいいんですが。

32

I'd be honored.

喜んでそうさせていただきます。

▶▶ 何かを頼まれたときに、「もちろんいいよ」と快諾するときの表現です。It's a great honor. とも言います。

A: We want you to be the leader of the group.
B: I'd be honored.

A: グループのリーダーになってもらいたいんだ。
B: 喜んでお引き受けいたします。

スキット　実はお願いがあるんです

*p.*37 で聞いたのは、実はこんな会話でした。スキットで扱ったキーフレーズを、使えるように練習しましょう。

Sato: Hello. Come in.

Martha: Thank you. What a nice apartment!

Sato: **I'm glad you like it.** Sit down. **Make yourself comfortable.** Would you like something to drink?

Martha: **Maybe later, thanks.** Um, **I have a favor to ask you.**

Sato: **What can I do for you?**

Martha: Well, as you know, I'm getting married.

Sato: Uh-huh.

Martha: I need someone to give a speech at the reception.

Sato: You'd like me to give the speech?

Martha: **That's right. If it's no trouble.**

Sato: **I'd be honored.**

Martha: That's great. I was worried you wouldn't say yes.

Skit ▶ Track 16

佐藤：いらっしゃい。どうぞ。
マーサ：ありがとうございます。すてきなアパートですね。
佐藤：気に入ってもらってうれしいです。座ってください。どうぞくつろいでください。何か飲むものはいかがですか。
マーサ：ありがとうございます。でも結構です。実はお願いがあるんです。
佐藤：どうかしたのですか？
マーサ：ご存じだと思いますが、私、結婚するんです。
佐藤：そうでしたね。
マーサ：披露宴のときのスピーチを誰かにお願いしなきゃいけないんです。
佐藤：そのスピーチを私にしてもらいたいのですね？
マーサ：そうなんです。もしご迷惑じゃなければ。
佐藤：喜んでお引き受けいたしますよ。
マーサ：よかった。受けていただけないのではないかと心配していたんです。

Notes

- **apartment**　アパート
  日本語ではこの類いの建物を「マンション」と呼ぶことがあるが、英語ではmansionとは言わないことに注意。mansionは「大邸宅、高級住宅」の意味。
- **reception**　レセプション、歓迎会
- **a wedding reception**　結婚披露宴

Answer

結婚披露宴でのスピーチを頼みに来た。

英会話の玉手箱

会話は短い文で話すのがいい

　イギリスから戻ってきた生徒が、目を輝かせながら私に言いました。「先生、イギリスに行ってすごいことを発見したんです。英語って、短い文で話せばいいのですね」。このことがわかったのは、留学して半年も経ってからだったそうです。

　私は以前より「会話で使う英語は、長い文でなくて短い文で十分」と著書の中でも何度となく書かせてもらいました。授業やセミナーでもそのようなアドバイスをしてきましたが、この生徒には直接教える機会がなかったので、私のそんなメッセージが伝わっていなかったようです。

　では、会話体の文はどのくらいの長さが一番適当なのでしょうか？　このことに関しては専門家による研究があり、それは「7プラスマイナス2」の法則と呼ばれているそうです。つまり、学習者にとって最も覚えやすい英文の長さは5語から9語ということになります。実は本書もこのことを念頭において、英文を作成しました。

　日本人は中学や高校での学習体験から、関係代名詞や分詞構文などを使って長くて複雑な文を作りたがる傾向があるようです。しかし、会話の場合には、長い文をふたつあるいは3つの短い文に分解するほうがいい、ということになります。そのほうがスムーズなコミュニケーションにつながるのです。

Track 17

レストランにて

Unit 5

At a Restaurant

Question ▶▶

千枝とフランクがレストランで夕食をとります。さて、ふたりは何を注文するのでしょうか？　スキットを聞きながら、下の表現を参考に考えてみましょう。

このユニットで学ぶ鉄板表現 33 - 40

33 ☐ **So am I.**　私もです。
34 ☐ **Let's see.**　そうですねえ。
35 ☐ **Fine with me.**　私はそれで結構です。
36 ☐ **I don't care.**　私はかまいませんよ。
37 ☐ **Great idea.**　すばらしい。
38 ☐ **Be my guest.**　どうぞご遠慮なく。
39 ☐ **Sounds good.**　いいですね。
40 ☐ **That's true.**　確かにそうです。

45

33

So am I.
私もです。

▶▶ 自分も相手と同じ意見を持っていたり、相手に同意していることを伝える表現です。親しい相手なら、Me, too. とも言います。

A: I'm going to the party tomorrow.
B: So am I.

A: 明日、パーティーに行こうと思っています。
B: 僕もだよ。

34

Let's see.
そうですねえ。

▶▶ 返答するまで、ちょっと間を取って考えなくてはならないときに使う、つなぎ文句です。Let me think.（考えさせて）も使えます。

A: What's the best way to the airport?
B: Let's see. Take the 67 bus to Lake Street. Then,...

A: 空港までどう行ったら一番いいですか。
B: そうですね。レイク・ストリート行きの67番のバスに乗ります。
　　それから、……

35

Fine with me.

私はそれで結構です。

▶▶ 自分の選択や行動を相手の判断に合わせたいときには、この表現が使われます。この場合、fine は「十分である、結構だ」を意味します。

A: Let's take a break.
B: Fine with me.

A: 休息しましょう。
B: かまわないよ。

36

I don't care.

私はかまいませんよ。

▶▶ ここでの care は「気にかける、心配になる」という意味です。「自分はたいして気にしていないから、相手の思うようにやってもかまわない」という了解を表しています。It doesn't matter. / It's not important. / Either way. も一般的です。

A: Which DVD should we watch first?
B: I don't care.

A: どの DVD から先に見ましょうか。
B: 私はかまいませんよ。

37

Great idea.

すばらしい。

▶▶ 相手の意見に賛同し、「いい考えだね」とほめたたえるときの表現です。
That would be good. / Sounds nice! もよく聞かれます。

A: Why don't we go to Europe this year?
B: Great idea!

A: 今年は一緒にヨーロッパに行こうか。
B: それはすごい！

38

Be my guest.

どうぞご遠慮なく。

▶▶ 客として好きにふるまってくれてかまわない、と言う気持ちが込められています。つまり、相手の要求を快く聞き入れるときのフレーズです。
Go ahead. / Please do. とも言います。

A: Do you mind if I have some coffee?
B: Be my guest.

A: コーヒーをいただいてもいいですか。
B: どうぞ遠慮なく。

39

Sounds good.
いいですね。

▶▶ 相手の意見を聞いた限りではよさそうである、という賛成の意味が込もっています。見た目がいいのなら Looks good. と、においがいいのなら、Smells good. と動詞を変えることもできます。

A: Let's play a game of tennis sometime.
B: Sounds good.

A: いつか、テニスの試合をしましょう。
B: いいですね。

40

That's true.
確かにそうです。

▶▶ 相手が述べた事実を認めるときの表現です。You're right. / I didn't think of that.（それは考えなかった）とも言います。

A: This hotel looks nice.
B: But if we stay at an inn, meals are included.
A: That's true.

A: このホテル、よさそうですね。
B: でも、旅館に泊まれば食事がつきますよ。
A: 確かにその通りですね。

スキット　何を頼みましょうか？

p. 45 で聞いたのは、実はこんな会話でした。スキットで扱ったキーフレーズを、使えるように練習しましょう。

Chie: I'm really hungry.

Frank: **So am I.**

Chie: What shall we order?

Frank: **Let's see.** How about a pizza?

Chie: **Fine with me.**

Frank: Should we have mushrooms or peperoni?

Chie: **I don't care.** Either one is OK.

Frank: Maybe we should have some wine.

Chie: **Great idea.** Do you mind if I choose?

Frank: **Be my guest.**

Chie: Let's try the '96 Bordeaux.

Frank: **Sounds good.** Should we get anything for dessert?

Chie: Well, we can always order something later.

Frank: **That's true.** I guess we're ready to order.

Skit ▶ Track 20

千枝：私、お腹ぺこぺこなの。
フランク：僕も。
千枝：何を頼みましょうか？
フランク：そうだね。ピザはどう？
千枝：それでいいわ。
フランク：マッシュルームそれともペパローニ？
千枝：かまいませんよ。どちらでもいいわ。
フランク：ワインを飲もうか。
千枝：それはすてきね。私が選んでもいい？
フランク：どうぞご遠慮なく。
千枝：じゃ、96年もののボルドーにしましょう。
フランク：いいね。デザートに何か食べようか？
千枝：そうね、後でいつでも頼むこともできるわ。
フランク：確かに。それじゃ、これで注文できるね。

Notes

- **hungry** 空腹である
  I'm starving!=I'm hungry!

- **'96 Bordeaux** 96年もののボルドー
  1996年に生産されたフランス・ボルドー地方のワイン。

- **dessert** デザート　desert（砂漠）と混同しないようにしましょう。

- **be ready to...** 〜の用意・準備ができた
  Are you ready to go?
  出かける準備はいいですか？

Answer

ピザ（マッシュルームかペパローニのどちらか）とワイン（96年もののボルドー）。

英会話の玉手箱

日本人には日本人の英語がある

　その大学教授には持論がありました。それは「英語は単語をひとつずつはっきり発音すると、相手が理解できないはずがない」というものです。この教授の英語は典型的な日本人英語でしたが、海外での論文発表も多く、外国人との会話も堂々としたものでした。

　もちろん発音はうまいに越したことはありません。しかし、学習者全員が将来英語の先生を目指しているわけではないのです。発音をマスターするだけにやたら長い時間をかけるというのは、無駄な感じがします。それだけの時間があれば、単語や表現を覚えたり、それらを口から出す訓練をしたほうがいいでしょう。

　発音やイントネーションがまだうまくないから、人前で話すのは恥ずかしいという人たちがいます。そんな方々におすすめなのが、英語を母語としない外国人が話す英語に接してみるということです。例えば、南米や中東の人たちの英語に耳を傾けてみてください。独特の発音で、しかも文法も細かいことなど気にしないで、ただ勢いだけで話している人たちもいます。

　今や英語はネイティブだけのものではありません。この地球に住むみんなの言葉になりました。「どれがスタンダードな英語か？」などという質問は、今や愚問になってしまいました。発音は相手にわかる程度のものなら十分なのです。もっと日本人英語に自信を持つことも必要かもしれません。

Track 21

Unit 6

電話での会話

Telephone Conversation

Question

電話の会話の内容をよく聞いて、伝言メモを英語で作成してください。
スキットを聞きながら、下の表現を参考に考えてみましょう。

このユニットで学ぶ**鉄板表現** 41 - 48

- 41 ☐ **Is Richard there?**　リチャードさんはいらっしゃいますか？
- 42 ☐ **He's out now.**　外出しています。
- 43 ☐ **Can I leave a message?**　伝言をお願いできますか？
- 44 ☐ **Please ask him to call me.**
  電話をくださるようにお伝えください。
- 45 ☐ **I didn't get your name.**　お名前をいただいていませんが。
- 46 ☐ **Does he have your number?**
  そちら様のお電話番号を存じておりますでしょうか？
- 47 ☐ **When's the best time to call?**
  お電話を差し上げるにはいつがご都合よろしいでしょうか？
- 48 ☐ **The sooner the better.**　早ければ早いほどよいです。

41

Is Richard there?

リチャードさんはいらっしゃいますか？

▶▶ 電話口で人を呼び出してもらいたいときに使うフレーズです。丁寧に言うと、May I speak to Richard? / Could you connect me with Richard? になりますが、これらは決まり文句なので、どれを使っても失礼にはあたりません。

A: Is Richard there?
B: Speaking.

A: リチャードさんはいらっしゃいますか？
B: 私です。

42

He's out now.

外出中です。

▶▶ 「呼び出す相手は今はいない」ことを伝えるときのフレーズのひとつです。He left. / He went out. も同じ意味です。ちょっと席をはずしているときには、He's not here now. が使えます。

A: Where is Tony?
B: He's out now. But he will be back shortly.

A: トニーは、どこにいるかしら？
B: 外出しています。でも、すぐに戻ります。

43

Can I leave a message?

伝言をお願いできますか？

▶▶ 不在だった相手に伝言を残したいときに使用します。Can you give him a message? / I'd like to leave a message. なども同じ表現です。逆に伝言を受けるときには、May I take a message?（伝言いたしましょうか？）というフレーズを使います。

A: Can I leave a message?
B: Yes, but I don't know when she'll be back.

A: 伝言をお願いできますか？
B: ええ、でも彼女がいつ戻るかわかりません。

44

Please ask him to call me.

電話をくださるようにお伝えください。

▶▶ コールバックをお願いするときの表現です。「〜番まで電話をくれるように」と、電話番号も一緒に伝えるときには、Please ask him to call me at xx-xxxx. というように、前置詞の「at + 電話番号」になります。Could you have him call me? / Tell him to call me. も覚えておきたいものです。

A: He won't be in until Tuesday.
B: I see. Please ask him to call me.

A: 彼は火曜日まで戻りません。
B: わかりました。電話をくれるように言ってください。

45

I didn't get your name.

お名前をいただいておりませんが。

▶▶ 電話をかけてきた相手が誰かわからない場合に使うフレーズです。Who is this? と聞くこともできます。職場などで使う場合は、上のフレーズか、Who's calling? / Can you give me your name? / Can I have your name? / What is your name? が一般的です。

A: I'd like to order two. And send them by express mail.
B: Sorry. I didn't get your name.
A: Ellen Fletcher. My account number is 2734567.

A: 2個注文します。エクスプレスメールで送ってください。
B: 申し訳ありません。お名前をお願いします。
A: エレン・フレッチャーです。顧客番号は、2734567です。

46

Does he have your number?

そちら様のお電話番号を存じておりますでしょうか？

▶▶ 相手の電話番号を確認するときのフレーズです。Does he know your number? とも言えます。

A: Does he have your number?
B: Not my new number. It's 22-9735.

A: お電話番号は存じておりますでしょうか？
B: 新しい番号は、知らないはずです。22-9735です。

47

When's the best time to call?

お電話を差し上げるにはいつがご都合よろしいでしょうか？

▶▶ 電話をかける際に、相手の時間の都合を聞くときのフレーズです。What time of day is best to call? / Are evenings OK? や、How late can I call?（どのぐらい遅くまで電話してもいいですか？）と時間帯を確かめるフレーズもあります。

A: Here's my number.
B: Thanks. When's the best time to call?

A: これが私の電話番号よ。
B: ありがとう。電話するのに、いつなら都合がいいかな？

48

The sooner, the better.

早ければ早いほどよいです。

▶▶ 期限ははっきりしないけれども、ともあれ早いほうがいい、と依頼するときの答え方です。As soon as possible. / As soon as you can. も同じ意味で使用されます。

A: When does this need to be finished?
B: The sooner, the better.

A: これは、いつまでに仕上げる必要があるの？
B: 早ければ早いほどいいな。

スキット リチャードさんはいらっしゃいますか？

p. 53 で聞いたのは、実はこんな会話でした。スキットで扱ったキーフレーズを、使えるように練習しましょう。

Aya: **Is Richard there?**
Jeff: Sorry. **He's out.**
Aya: I see. **Can I leave a message?**
Jeff: Sure. Let me get a pencil... OK.
Aya: **Please ask him to call me.**
Jeff: **I didn't get your name.**
Aya: Oh, sorry. Tell him it's Aya.
Jeff: OK. **Does he have your number?**
Aya: Yes, I think so.
Jeff: **When's the best time to call?**
Aya: **The sooner, the better.**
Jeff: OK. I'll tell him.

Skit ▶ Track 24

綾：リチャードさんはいらっしゃいますか？
ジェフ：すみません。外出中です。
綾：わかりました。伝言をお願いできますか？
ジェフ：いいですよ。ちょっと鉛筆を取らせてください……どうぞ。
綾：電話がほしいとお伝えください。
ジェフ：お名前をいただいておりませんが。
綾：あ、すみません。綾です。
ジェフ：わかりました。彼は電話番号を知っておりますでしょうか？
綾：ええ、知っていると思います。
ジェフ：お電話を差し上げるのはいつ頃がご都合よろしいでしょうか？
綾：早ければ早いほどいいです。
ジェフ：わかりました。伝えます。

Notes

- **get** 取ってくる
  Could you get me a cup of tea?
  お茶を一杯とって来てくれる？

- **tell** 話す
  In a class, the teacher told a joke and no one laughed.
  授業の中で先生は冗談を言ったのだが、誰も笑わなかった。

Answer

To Richard,
Aya wants you to call her back
as soon as possible.

リチャードへ
アヤさんができるだけ早く電話がほしいとのこと。

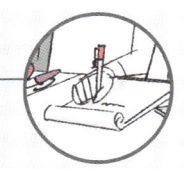

59

英会話の玉手箱

わからなかったら Pardon?

　会話で避けたいのは、わからないのにわかっているような素振りすることです。外国人の話を Yes. や I see. を連発しながら聞いている人が、最後に意見を求められてトンチンカンな返答をしたり、質問がわからず困惑している光景ほど滑稽なものはありません。

　わからないときには、恥ずかしがらずに「わかりません」とはっきり相手に言いましょう。そんなときのために覚えておきたいのが、「聞き返し」のテクニックです。

　相手の話がわからないときには、「もう一度お願いします」という意味で、I beg your pardon? / Pardon me? と聞き返すことができます。具体的なことが理解できないときには、Who? / When ? / How many ? / Where ? などと聞くのが一番簡単です。ほかにも、What did you say ? / Sorry? / Could you say that again, please? なども覚えておきましょう。

　私は JICA（国際協力事業団）の帯広国際センターで、「日本の経済」という講座を担当しています。受講生のほとんどがアジア・アフリカ・南米からの人たちで、英語は母語ではありません。ときどき私も「わかりません」を何度か言わなければならず、相手に気まずい思いをさせてしまうこともあります。そんなときにやるのが、Could you say it in another way? という表現を使って、次の可能性に賭けることです。

Track 25

Unit 7

日本での生活

A Life in Japan

Question ▶▶

哲郎はサラにスーパーマーケットでばったり会います。サラは日本での生活をどのように考えているのでしょうか？ スキットを聞きながら、下の表現を参考に考えてみましょう。

このユニットで学ぶ**鉄板表現** 49 - 56

49 ☐ **Who knows?** さあ、何とも言えないなあ。
50 ☐ **Sure, why not?** もちろんです。
51 ☐ **Not me.** 私じゃないよ。
52 ☐ **Pardon?** もう一度言ってくれる？
53 ☐ **Why do you ask?** それがどうかした？
54 ☐ **Just curious.** ちょっと気になっただけ。
55 ☐ **Not really.** それほどでもないよ。
56 ☐ **That reminds me.** 思い出した。

49

Who knows?

さあ、なんとも言えないなあ。

▶▶ 直訳すると「誰が知っているの？」という質問になります。これは、答えに Nobody knows.（いや、誰も知らない）という文が想定されています。答えようのない質問をされ、「自分もわからないし、他の誰もわからないだろう」と言うときには便利な表現です。

A: **I wonder when this rain will stop.**
B: **Who knows?**

A: この雨、いつ止むのかしら。
B: なんとも言えないなあ。

50

Sure, why not?

もちろんです。

▶▶ 提案、誘い、申し出、依頼に対して、「もちろん」「ぜひ」という前向きな返事として使われます。「待ってました」のような感覚で使うといいでしょう。

A: **Can you come to my party on Sunday?**
B: **Sure, why not. I'd be glad to.**

A: 日曜日パーティーに来れる？
B: もちろん。喜んで。

1 - 4 ▶ Track 26

51

Not me.

私じゃないよ。

▶▶ 「他の誰かかもしれないけど、少なくとも私ではない」というニュアンスが込められています。何か関係のないことでとがめられたときに、批判の矛先をかわすのに便利です。

A: Who drank all the milk?
B: Not me.

A: ミルク全部飲んじゃったの、誰？
B: 僕じゃないよ。

52

Pardon?

もう一度言ってくれる？

▶▶ 相手の言葉がよく聞き取れなかったときに使えるとても便利な表現です。少し丁寧な言い回しになりますが、I beg your pardon? もあります。

A: Where's the underground?
B: Pardon?
A: I mean the subway.

A: underground はどこですか？
B: もう一度言ってくれませんか？
A: subway（地下鉄）です。

63

53

Why do you ask?
それがどうかした？

▶▶ 相手には直接関係がなさそうなことを聞かれたとき、「なぜそれが気になるの？」と逆に聞き返す表現です。言い方次第では「何でそんなことを聞くんだ！」と怒っている感じになることもあります。

A: You have two computers, right?
B: Yes, I do. Why do you ask?
A: Well, I thought I could borrow one.

A: コンピュータを2台持っているんですよね。
B: うん。それがどうかしたかい。
A: 実は、1台借りることができたらと思って。

54

Just curious.
ちょっと気になっただけ。

▶▶ ちょっと興味を引かれただけ、好奇心からでた質問をしたときの理由として使います。Just out of curiosity. と言うことも可能です。

A: Where is your mother originally from?
B: Why do you want to know?
A: Just curious.

A: あなたのお母さんはどこの出身ですか。
B: なんでそんなこと知りたがるんだい。
A: ちょっと気になっただけ。

55

Not really.
それほどでもないよ。

▶▶ 何かを聞かれたときに「うん、絶対そう」や「いいや、まったくそうじゃない」などの返事をしたくないときに使える表現。ほかにも Not exactly. / Not so much. などがあります。

A: Do you know many people here?
B: Not really.

A: ここではずいぶんお知り合いが多いのですか。
B: そうでもないですよ。

56

That reminds me.
思い出した。

▶▶ remind は「思い出させる、気づかせる」という意味です。似た単語で remember がありますが、こちらのほうは「覚えている」というニュアンスがあります。「それで〜のことを思い出したんだけど」という意味では、That reminds me of... となります。

A: I rented two DVDs on the weekend.
B: Oh, that reminds me. I have to return one tonight.

A: 週末に2本 DVD を借りました。
B: ああ、それで思い出した。今夜、ビデオ返さなきゃ。

| スキット | **日本には長く住みたいと思っていますか？** |

p. 61 で聞いたのは、実はこんな会話でした。スキットで扱ったキーフレーズを、使えるように練習しましょう。

Sarah: Do you think you'll live abroad?

Tetsuro: **Who knows?** Now, of course, it's impossible, but maybe sometime in the future. Do you want to live in Japan for a long time?

Sarah: **Sure, why not?** I like my life here. It's interesting.

Tetsuro: That's good. Some people have a lot of trouble here. A different culture, different language, and different food.

Sarah: **Not me.** By the way, how's Mary doing?

Tetsuro: **Pardon?**

Sarah: Mary, your girl-friend.

Tetsuro: Oh, Mari. Fine. She's doing fine. **Why do you ask?**

Sarah: **Just curious.** She has a new job, right?

Tetsuro: Yeah. Her job's going OK.

Sarah: Is she very busy?

Tetsuro: **Not really.** Hey, **that reminds me.** I have to call her about our date tonight.

サラ：あなたは海外に住むことになると思いますか？
哲郎：なんとも言えません。今のところは、もちろん無理ですけど、いつかはそうなるかも。あなたは日本に長く住みたいと思っていますか？
サラ：もちろん。日本での生活は気に入っています。おもしろいです。
哲郎：それはよかった。いろいろ不自由されている人もいますから。違う文化や言葉、食べ物でね。
サラ：私はそうでもないですよ。ところで、メアリーはどうしていますか。
哲郎：もう一度お願いできますか？
サラ：メアリーです、あなたのガールフレンドの。
哲郎：ああ、真理ですね。元気ですよ。どうしてそんなことを聞くのですか？
サラ：ちょっと気になっただけです。新しい仕事に就いたのでしたよね？
哲郎：はい、そこそこやっているようです。
サラ：かなり忙しいのですか？
哲郎：そうでもないですよ。ああ、それで思い出しました。彼女にはデートのことで今夜電話しなければならないのです。

Notes

- **abroad** 海外

  I bought some cooking books from **abroad**.
  海外から料理の本を買った。

- **impossible** 不可能な、無理な

  It's **impossible** to finish so much homework by tomorrow.
  こんなにたくさんの宿題を明日までに終わらせるなんて無理だよ。

- **have trouble** 苦労する

  I always **have trouble** when it comes to computers.
  コンピュータのことでは、いつも苦労するんです。

Answer

日本での生活はとても気に入っていて、長く住みたいと考えている。文化や言葉、食べ物での問題はない。

英会話の玉手箱

せめて中学2年生レベルの文法を！

　いくら「英語は度胸。思いつくまま、とにかく話せ！」といっても限度はあります。単語の羅列でコミュケーションが取れたときの喜びも大事ですが、いつまでもそんな状態が続くようでは、自分がいやになる前に聞き手のほうが逃げてしまいます。

　当初は「話せるだけでいい」と考えていた人でも、「これでいいのだろうか？」と悩んでしまうことがあります。そんなときに打開策になるのが、文法です。「文法なんて知らなくてもいい」「文法をやり過ぎて英語嫌いになったんだ」と主張する人も確かにいます。しかし、英会話をやろうという人は、せめて中学2年生までの英文法は理解したほうがいいでしょう。

　中学2年でどの程度のことまで勉強するのか忘れてしまった人もいるかもしれません。そんな方々はぜひ書店に足を運び、中学生向けの英文法の本や参考書を買い求めてください。「比較」「命令文」「感嘆文」「進行形」「動名詞」「未来形」「受動態」「不定詞」「現在完了」などの基本的な文法は、中学2年までの学習項目に入っています。

　残念ながら中学生用の文法書は例文がヤング向けで、社会人にはいまいち評判がよくありません。しかし、単語を自分に合わせ身近なものに置き換えて、中学の文法をぜひ復習してみてください。きっと「英会話の霧」が晴れることでしょう。

Track 29

会社への不満

Unit **8**

Complaints

Question

もううんざりだという顔の哲平への、ダイアンのアドバイスは何でしたか？ スキットを聞きながら、下の表現を参考に考えてみましょう。

このユニットで学ぶ鉄板表現　57 - 64

57	☐ **What's the matter?** どうかしたのですか？
58	☐ **I'm really fed up.** もううんざりだ。
59	☐ **How come?** どうして？
60	☐ **It's not fair.** 不公平だ。
61	☐ **Just a thought.** ほんの思いつきだけど。
62	☐ **I doubt it.** それはどうだか。
63	☐ **I'll think about it.** 考えておくよ。
64	☐ **Anytime.** どういたしまして。

57

What's the matter?

どうかしたのですか？

▶▶ 相手の様子がおかしいときに、何か困っていることが起きているのかどうかを聞くときの表現です。相手が友だちや親しい間柄だったら、What's wrong? と言うことができます。もう少し丁寧な言い方にしたかったり、相手が目上の人の場合なら Is something the matter? と聞きます。

A: What's the matter?
B: Nothing. I'm just a little tired.

A: どうかしたの？
B: なんでもないよ。ただ、ちょっとくたびれただけだよ。

58

I'm really fed up.

もううんざりだ。

▶▶ 同じものをたくさん食べると飽き飽きするので、「もううんざり」という意味になります。I've had enough. も似たような表現です。もう我慢の限界だというニュアンスをもっと強く込めたいときには、This is the last time. と言うことができます。

A: This is the third time they've lost my luggage. I'm really fed up.
B: I would be too.

A: 私の荷物をなくしたの、これで3回目なのよ。もううんざりしちゃったわ。
B: それはそうだろうね。

59

How come?

どうして？

▶▶ Why? と似た表現ですが、Why? が理由のみを聞いているのに対し、「どういうことでこうなってしまったのか？」と、その結果に至る過程も含めて問う点で若干ニュアンスが違ってきます。また、きつい口調で聞くと、相手の失態を問いつめるときのフレーズにもなります。

A: It always rains on the weekend. How come?
B: I don't know.

A: 週末になると決まって雨が降るわね。どうして？
B: そんなのわかんないよ。

60

It's not fair.

不公平だ。

▶▶ 何かに抗議したいときに使われるフレーズです。英語圏では fairness（公平）が重んじられることから、It's not fair. は「ずるい」というニュアンスで頻繁に使用されます。ほかにも、It's unfair. / It's wrong. / It's not right. が使われます。

A: Their team has more players.
B: Yes, it's not fair.

A: あっちのチームには選手がこっちより大勢いるわ。
B: うん、不公平だよ。

61

Just a thought.
ほんの思いつきだけど。

▶▶ just をつけることで、「深くは考えていないが、こう感じた」というニュアンスを伝えることができます。

A: My car won't start.
B: Just a thought. Did you check the gasoline?

A: 車が動かないの。
B: ふと思ったんだけど。君、ガソリン入っているか確かめたかい？

62

I doubt it.
それはどうだか。

▶▶ doubt（疑う）で、「自分はそうは思わない」と相手の言った内容に反論したいときに使用します。はっきり「違うよ」と否定したいときには、I don't think so.、確信はないけれども違うと思っているときには、I'm not so sure about that. と言います。

A: He says it should be easy to find a hotel.
B: I doubt it. It's the Golden Week season.

A: ホテルを見つけるのは簡単だって、彼は言ってたわ。
B: どうかな。ゴールデン・ウィークだよ。

63

I'll think about it.

考えておくよ。

▶▶ 結論を先送りにしたいときに使用します。生返事とも受け取られますが、気の進まないことを遠回しに伝えたいときには、このような表現も必要です。似たフレーズに、I'll give it some thought. / I'll consider it. / I'll decide later. があります。

A: Can you talk to him personally about the matter?
B: I'll think about it.

A: この件について、彼と内々で話し合ってくれるかしら。
B: 考えておくよ。

64

Anytime.

どういたしまして。

▶▶ 「どういたしまして」というと You're welcome. が有名ですが、Anytime. はもっと気軽に「いつでもどうぞ」というニュアンスを込めたいときに使用します。「どういたしまして」を表す表現としては、ほかに No problem.（たいしたことじゃないよ）/ You bet.（あてにしていいよ）も一般的です。

A: Thanks for helping me.
B: Anytime.

A: 手伝ってくれて、ありがとう。
B: どういたしまして。

| スキット | **もううんざりだ。こんなの不公平だよ** |

p. 69 で聞いたのは、実はこんな会話でした。スキットで扱ったキーフレーズを、使えるように練習しましょう。

Diane: **What's the matter?**
Tetsupei: **I'm really fed up.**
Diane: **How come?**
Tetsupei: I've worked for six years at my company, but I'm still doing the same thing. **It's not fair.**
Diane: **Just a thought.** Have you talked to your boss about it?
Tetsupei: Actually, no.
Diane: Maybe he'd understand your feelings.
Tetsupei: **I doubt it.**
Diane: But at least try.
Tetsupei: Well, **I'll think about it.** Thanks for the advice.
Diane: **Anytime.**

Skit ▶ Track 32

ダイアン：どうかしたの？
　　哲平：もううんざりだよ。
ダイアン：どうして？
　　哲平：会社で働いて６年もたつのに、いまだに同じことをしているのです。こんなの不公平だよ。
ダイアン：ちょっと思ったんだけど。上司にはこのことを話したのですか？
　　哲平：実は、話していません。
ダイアン：たぶん、あなたの気持ちを理解しているはずよ。
　　哲平：さあ、どうだか。
ダイアン：でも、ともかくやってみたらどう。
　　哲平：そうですね、考えてみます。アドバイスをありがとう。
ダイアン：どういたしまして。

Notes

● **boss** 上司
My former boss was very demanding.
前の上司は厳しい要求をする人でした。

● **understand** 理解する
Now I understand what was going on.
何が起きているのか、やっとわかりました。

● **at least** 少なくとも
If you insist on smoking, at least you should dispose of your butts properly.
たばこを吸うなら、少なくとも吸い殻をきちんと始末するべきです。

Answer

上司に彼の悩みを話してみること。

英会話の玉手箱

必ずしも「沈黙は金」ならず

　20年以上も前のこと、スイスで航空ショーの実行委員会が主催する夕食会に参加する機会がありました。カクテルサービスが始まったのが夕刻6時。そして、夕食の会場に案内されたときには、時計は8時を回っていました。

　並べられたテーブルに着いての食事でした。私の左には香港の航空会社に勤務するというフランス人女性。右には、強烈なフランス語訛りの英語を話すスイス人の大会関係者。そして、目の前にはリトアニアの英雄と呼ばれるパイロットが座りました。

　航空分野には興味がない私は、英雄との会話がはずみません。フランス人女性と話したかったのですが、あまりにも美人で緊張してしまい話すきっかけが作れません。そして、隣のスイス人は私の言うことが聞き取れないようです。不気味な沈黙が続く、まるで時間が止まってしまったように長い夕食会でした。

　他のテーブルが気になって聞き耳を立ててみると、みんな片言の英語でたわいもないことを延々と話していました。しかも、同じことを何度も繰り返しているのです。これは「沈黙を回避するためのコミュニケーション」と呼んでもいいかもしれません。

　「欧米人は沈黙が苦手だ」とよく言われています。話す中身を追求するのも大事ですが、沈黙を埋める会話テクニックもときとして必要なようです。

Track 33

Unit

引っ越し 9

Moving

Question

マーガレットは英明からどんな条件でトラックを借りることになりましたか？ スキットを聞きながら、下の表現を参考に考えてみましょう。

このユニットで学ぶ**鉄板表現** 65 - 72

65 ☐ **May I ask you a favor?** お願いがあります。
66 ☐ **What for?** どうしてですか？
67 ☐ **You can count on me.** まかせてください。
68 ☐ **Don't be silly.** ばかげたことを言わないで。
69 ☐ **Thanks a million.** どうもありがとう。
70 ☐ **I owe you one.** 借りができたね。
71 ☐ **Forget it.** 気にしないで。
72 ☐ **It's no big deal.** たいしたことじゃないよ。

77

65

May I ask you a favor?
お願いがあります。

▶▶ 相手に何かを頼みたいときに使う表現です。これはやや丁寧な表現です。友だち同士なら I have a favor to ask you. / Can you do me a favor? などが使えます。特に親しい友だちに対してなら I need your help. のようなストレートな表現も一般的に使われます。

A: May I ask you a favor?
B: Shoot.

A: お願いがあるのですが。
B: いいですよ。

66

What for?
どうしてですか？

▶▶ Why? と意味はほぼ似ている表現です。相手の行動や口にした内容の意図がわからないときに、「どうしてそんなことをするの？」と、その目的を聞くために使います。

A: I have to leave now.
B: What for?
A: I have to pick up the children at school.

A: もう行かなくちゃ。
B: どうして？
A: 子どもを学校に迎えに行かなきゃならないの。

67

You can count on me.

まかせてください。

▶▶ count on には、「信頼できる人間の数に加えてくれてかまわない」というニュアンスから「期待する、頼りにする」という意味があります。「あてにしてもいいよ」という意味では、You can depend on me. / You can trust me. がよく使われる表現です。

A: Don't tell anyone about this. OK?
B: Don't worry. You can count on me.

A: このことは誰にも言わないでね、いいかしら？
B: 心配しないで。信じていいよ。

68

Don't be silly.

ばかげたことを言わないで。

▶▶ silly は「分別や思慮に欠けた」という意味です。しなくてもよいことをわざわざしようとしているのを、やめさせるときに使います。Don't bother.（そんなことは気にしないように）、あるいは You don't have to do that.（そんなことをすることはないよ）とも言い換えることができます。

A: I'll do the dishes.
B: Don't be silly. I'll do them myself later.

A: 私がお皿を洗うわね。
B: ばかげたことを言うなよ。あとから自分でするよ。

69

Thanks a million.
どうもありがとう。

▶▶ 人に感謝するときに言う「ありがとう」は、Thank you very much. が一般的ですが、ほかにもいろいろな言い方があります。上にあげたフレーズは、友だち同士で話すときのややくだけた言い方です。ほかの表現としては、Thanks a lot. が使えます。

A: Sure, I can drive you there.
B: Thanks a million.

A: いいわよ、そこまで送って行ってあげるわ。
B: どうもありがとう。

70

I owe you one.
借りができたね。

▶▶ 「借りがひとつできちゃったね」とあえて言うことで、相手への感謝を表しているフレーズです。似た表現としては、I'm in your debt.（私はあなたに借りがある。）や、I don't know how I'll ever be able to pay you back.（どうしたらあなたに恩を返せるかわかりません）があげられます。

A: Here's the information you wanted.
B: Thanks. I owe you one.

A: あなたがほしがっていた情報よ。
B: ありがとう。借りができたね。

71

Forget it.

気にしないで。

▶▶ 「そのことは忘れてください」という意味です。あっさりした口調で言うと、「もうそのことはいいから」というニュアンスで使うこともできますし、ぶっきらぼうに言うと「その話はもうやめよう」と、話題を一方的に終わらせる表現にもなります。

A: I forgot the money. I'm terribly sorry.
B: Forget it. You can pay me next time.

A: お金、忘れちゃったの。本当にごめんなさい。
B: 気にしないで。今度払ってもらえばいいよ。

72

It's no big deal.

たいしたことじゃないよ。

▶▶ deal はここでは「問題」という意味です。何かに仰天している相手に対して、「大騒ぎするような事態ではないよ、大丈夫」と安心させるのに便利な表現としてよく使用されています。It's no big thing. / It's nothing. も似た意味です。

A: You let him drive my car?
B: It's no big deal. It was just to the store down the street.

A: あなたったら私の車を彼に運転させたんですって。
B: たいしたことじゃないよ。通りをちょっと行った先にある店までだから。

スキット # トラックを使ってもいいですか？

p. 77 で聞いたのは、実はこんな会話でした。スキットで扱ったキーフレーズを、使えるように練習しましょう。

Margaret: **May I ask you a favor?**

Hideaki: Sure. Go ahead.

Margaret: Can I use your truck on Saturday?

Hideaki: **What for?**

Margaret: I'm moving to a new apartment.

Hideaki: OK, but be careful. Don't scratch it up.

Margaret: **You can count on me.** I'll pay for gas.

Hideaki: **Don't be silly.** I'm sure you won't use very much gas.

Margaret: Well, **thanks a million. I owe you one.**

Hideaki: **Forget it. It's no big deal.**

Margaret: OK. So I'll come by your place at 9 on Saturday to pick up the truck.

Tetsuro: All right.

Skit ▶ Track 36

マーガレット：お願いがあるんだけど。
英明：いいですよ。どうぞ話して。
マーガレット：あなたのトラックを土曜日に使ってもいいかしら？
英明：どうして？
マーガレット：新しいアパートに引っ越すんです。
英明：いいけど、気をつけて。引っかき傷をつくらないでくださいね。
マーガレット：まかせて。ガソリン代は払うから。
英明：ばかなことを言わないで。ガソリンはそんなに使わないと思うよ。
マーガレット：そう、本当にありがとう。借りができちゃったわね。
英明：気にしないで。たいしたことじゃないよ。
マーガレット：それじゃ、土曜日の9時にあなたの所にトラックを取りに行くわね。
英明：いいよ。

Notes

- **Go ahead.** （相手を促すときに）どうぞ、お話しください
- **truck** トラック、貨物自動車
- **scratch up...** ～に掻き傷をつける
  The cat scratched up our expensive furniture.
  その猫が高価な家具に傷をつけました。

Answer

引っかき傷を絶対につけない。ガソリン代は払わなくてもいい。

83

英会話の玉手箱

「英語環境」の中で暮らす

　英語圏以外の場所で英語を勉強するのですから、いろいろと不利なことはあります。しかし、身の回りを英語空間にすることは、ちょっとした工夫で決して難しいことではありません。

　朝起きてから夜寝るまで、英語漬けの生活を送ることも可能です。まず、朝の目覚めとともに、コーヒーを飲みながら英字新聞に目を通すことからスタートしましょう。英字新聞をとってない人なら、ネットで英文ニュースを読むこともできます。

　衛星放送やCSデジタル放送、CATVを使えばCNNやBBCを見ることができます。これは難しすぎるという人には、NHKの英会話番組や民放テレビのモーニング・ショーの中で放映されるワンポイント英会話のコーナーがいいでしょう。

　トイレの中には、短い時間を利用して覚えることができる「英語の決まり文句」や「英単語」の本などを置きたいものです。通勤の際には、デジタルオーディオプレイヤーやMP3プレイヤーを使ってリスニングを鍛えましょう。仕事中にオフィスで英会話の本を広げるのはまずいかもしれませんが、気になった英単語をすぐに調べられるように、手元には辞書を置いておくと便利です。

　パソコンを使うと、さらに英語空間が広がります。英語学習関連のメールマガジンが無料で購読できますし、もちろんインターネットはあなたの部屋を世界と直結させてくれます。夜はネットを使っての学習がおすすめです。

Track 37

Unit 10

野球観戦
Watching Baseball

Question

ビルと恵美は野球の試合を見にきています。ふたりが応援しているチームの戦況はどうなっていますか？ スキットを聞きながら、下の表現を参考に考えてみましょう。

このユニットで学ぶ鉄板表現 73 - 80

- 73 **Fancy meeting you here.** こんなところで会えるとは奇遇ですね。
- 74 **Long time no see.** 久しぶり。
- 75 **How's everything going?** 調子はいかがですか？
- 76 **The same as usual.** 相変わらずだよ。
- 77 **So do I.** 私も。
- 78 **No, I'm afraid not.** 残念だけど。
- 79 **Let's keep our fingers crossed.** 幸運を祈ろう。
- 80 **It was nice talking with you.** お話しできてよかった。

73

Fancy meeting you here.
こんなところで会えるとは奇遇ですね。

▶▶ 思いがけない場所で、意外な相手にばったり出会ったときに、軽い驚きを表すフレーズです。Well, well. This is a surprise. / Speak of the devil.（うわさをすれば影）/ What a small world!（世間は狭いですね）も使用されています。

A: **Fancy meeting you here.** Do you come here all the time?
B: Yeah, all the time. How about you?

A: 奇遇ね。ここにはしょっちゅうきているの。
B: うん、頻繁に。君は？

74

Long time no see.
久しぶり。

▶▶ 長い間会っていなかった友だちに会ったときに呼びかけるあいさつのひとつです。I haven't seen you for a long time. が丁寧な言い方で、上の表現はやや親し気な感じを与えます。It's been a long time. や、ちょっとおおげさですが、We haven't seen each other for ages.（何年も会っていないね）も似た表現です。

A: **Long time no see.**
B: Yes, it's been a while.

A: 久しぶりね。
B: そうだね、ごぶさただったね。

75

How's everything going?
調子はいかがですか？

▶▶ あいさつのあとに「元気？」などと付け加えるのは、どこの国でも共通していますが、このフレーズもそのうちのひとつです。How are you doing? が有名ですが、「どうしていた？」と聞く表現にはこのほかにも、How are things? / How's it going? / How goes it? など、いろいろあります。

A: How's everything going?
B: Just fine. And you?

A: 調子はどうなの？
B: いいよ。そっちは？

76

The same as usual.
相変わらずだよ。

▶▶ 相手から様子を聞かれ、取り立てて何も話すことが特にない場合、「いつも通りだよ」と答えるときの表現です。No change. / The same as ever. もよく使われます。親しい間柄なら、かなりくだけて Same old same old. とも言うことができます。

A: How is your girlfriend?
B: The same as usual.

A: ガールフレンドは元気ですか？
B: 相変わらずだよ。

77

So do I.

私も。

▶▶ 相手に同意するときのあいづちのひとつです。Me, too. / Same here. / I think so, too. などもよく使われます。相手の文が I am... で始まるなら So am I. に、I will ... なら So will I. に、などと動詞の種類によって変わります。また、I don't... などの相手の否定文にあいづちを打つときには、Neither do I. になることに注意しましょう。

A: I like jazz. Especially older stuff.
B: Really? So do I.

A: 私、ジャズが好きなの。特に、古いものが。
B: 本当？ 僕もだよ。

78

No, I'm afraid not.

残念だけど。

▶▶ 相手の意に反することや、言いにくいことをあえて言わなければならないときに使うフレーズです。単純に No と言うだけでは、相手に対しての配慮がなさすぎます。同じ断るにしても、Sorry, no. など、思いやりを込めたひとことを加えて言うのが常識です。

A: Do you have any spare change?
B: No, I'm afraid not. Sorry.

A: 小銭を持っていますか？
B: いや、残念ながら。ごめん。

79

Let's keep our fingers crossed.

幸運を祈ろう。

▶▶ 右手の中指を人さし指に重ねて十字架を作ることで厄払いをして幸運を祈る独特のおまじないからきている表現です。今では実際にそのジェスチャーをしなくても、そう口に出すことで「幸運を祈る」という表現になりました。

A: I hope we win.
B: Let's keep our fingers crossed.

A: こちらの勝ちになればいいわね。
B: 幸運を祈ろう。

80

It was nice talking with you.

お話しできてよかった。

▶▶ 会話を終わらせ、別れを言うときの表現です。It was good to see you. も似た表現です。ほかにも I had a wonderful time. や Let's do it again sometime. と、楽しかったことを相手に伝える表現も使われます。

A: It was nice talking with you.
B: Nice talking with you, too.

A: お話しできてよかった。
B: 僕も話ができてよかったよ。

スキット 奇遇ですね

p. 85 で聞いたのは、実はこんな会話でした。スキットで扱ったキーフレーズを、使えるように練習しましょう。

Bill: **Fancy meeting you here.**
Emi: Yes. **Long time no see. How's everything going?**
Bill: **The same as usual.** I didn't know you liked baseball.
Emi: I sometimes go to the games.
Bill: I hope the Giants win today.
Emi: **So do I.** But they're not doing very well.
Bill: **No, I'm afraid not.** They're four runs behind.
Emi: There're still four innings. Maybe they can catch up.
Bill: Yes, **let's keep our fingers crossed.**
Emi: Well, I should get back to my friends.
Bill: OK. **It was nice talking with you.**
Emi: Yeah. Bye.

Skit ▶ Track 40

ビル：奇遇ですね。
恵美：そうですね。お久しぶりです。最近はどうですか。
ビル：相変わらずですよ。あなたが野球を好きだとは知りませんでした。
恵美：試合をときどき見にきているんですよ。
ビル：今日はジャイアンツに勝ってほしいものですね。
恵美：私もそう思っています。でも、調子がよくありません。
ビル：うん、残念ながらそうですね。4点も負けています。
恵美：まだ4回あります。たぶん追いつくでしょう。
ビル：はい。そうなるように祈りましょう。
恵美：じゃ私、友だちの所に戻ります。
ビル：OK. 話ができてよかったです。
恵美：ええ。じゃ。

Notes

- **do well** うまくいく
  The students did well on the math and science tests this time.
  生徒たちは今回、数学と理科のテストの成績がよかった。

- **behind** 遅れて
  Because she was really behind in her work, she did overtime on Friday.
  仕事がとても遅れていたので、彼女は金曜日に残業をした。

- **catch up** （遅れた仕事などを）取り戻す
  The car caught up with the bicycle.
  その車は、自転車に追いついた。

Answer

試合はまだ4イニングあるが、4点リードされている。

英会話の玉手箱

質問できれば答えがわかる

　大学生時代のある日のこと、外国人観光客を対象にしたガイドの仕事が舞い込みました。英語を使って初めて仕事ができる喜びと同時に、外国人に自分の英語がわかってもらえるだろうかという不安がいっぱいでした。

　私が担当したのはニュージーランドからの団体で、彼らを千歳空港から札幌市内のホテルまでバスで連れていくのが仕事でした。しかし、彼らが話す英語が理解できず、私は真っ青になってしまいました。当然と言えば当然です。外国人と会話した経験も数えるほどしかなかった当時の私にとって、初めて耳にするニュージーランド人が話す独特の英語は、まるでチンプンカンプンでした。

　しかし、会話をするにつれ、「こちらからの質問に対する答えの半分ぐらいはわかる」ということに気づいたのです。つまり、「質問さえできれば、相手の英語はある程度理解できる」ということでした。それからホテルまでのバスの中、ガイドという立場を忘れ、必死でニュージーランドについて質問攻めにしていました。

　この経験から、ノートに話題別に質問文を書き集めました。そして、外国人と話す機会があるたびに、得意になってそれらを使ったものです。この方法のメリットは、「質問をすることで積極的に会話をリードできる」そして「リスニング力の強化にもつながる」ということです。

Track 41

Unit 11

母への贈り物

A Gift for Mother

Question

ブライアンが最初にすすめたブラウスを佳代が気に入らなかったのは、なぜですか？ スキットを聞きながら、下の表現を参考に考えてみましょう。

このユニットで学ぶ鉄板表現 81 - 88

- 81 ☐ **I work here.** ここで働いています。
- 82 ☐ **Didn't I tell you?** 話してませんでしたか？
- 83 ☐ **I don't remember.** 覚えていません。
- 84 ☐ **That's a piece of cake.** 簡単だよ。
- 85 ☐ **It's on sale.** 特売品です。
- 86 ☐ **Perfect.** 完璧。
- 87 ☐ **Anything else?** あとは？
- 88 ☐ **That's it.** それで終わりです。

81

I work here.

ここで働いています。

▶▶ 仕事場で偶然知人に会ってしまったときに使えるひとことです。「ここが私の職場です」というつもりで、This is my company (office). とうっかり言ってしまうことがありますが、それでは会社を所有しているとも受け取られかねないので注意しましょう。This is where I work. も I work here. と同じニュアンスで使用できます。

A: Why are you wearing a suit?
B: I work here.

A: なぜスーツを着ているの？
B: ここで仕事をしているからだよ。

82

Didn't I tell you?

話してませんでしたか？

▶▶ 自分が知らせたと思っていることを、相手が覚えていなかった場合に使うフレーズです。口調によっては相手を問いつめるようなニュアンスも含みます。もっとおだやかに言いたいときには、I thought I told you.（もう話していたと思っていたよ）がいいでしょう。

A: Why isn't anyone here?
B: Didn't I tell you? We changed the time of the meeting.

A: なぜ誰もいないの？
B: 言わなかったっけ？　会議の時間を変更したんだよ。

83

I don't remember.

覚えていません。

▶▶ 覚えていたはずのことを自分がすっかり忘れている場合に使うフレーズです。「覚えていない」ではなく「忘れた」と言いたいときには、I forgot. という表現もあります。少し凝った言い方ですが、I haven't the foggiest idea.（見当もつかない）もよく耳にします。

A: What was her name?
B: Sorry. I don't remember.

A: 彼女の名前、何て言うの？
B: ごめん、覚えていないんだ。

84

That's a piece of cake.

簡単だよ。

▶▶ 第2次世界大戦中に英国空軍で流行っていた「容易に遂行できる任務」というスラングからきた表現です。今でも「簡単にできるよ」という意味で日常的に使われています。簡単に言うと、That's easy. / That's simple. と同じ意味です。

A: Can you help me with this math problem?
B: Sure. That's a piece of cake.

A: 算数の問題手伝ってくれる？
B: もちろん。お安いご用さ。

85

It's on sale.
特売品です。

▶▶ 商品を通常よりも値下げして売る、日本語でいう「バーゲン」のことです。似た表現では、It's on special. / It's been marked down. があげられます。通常の価格より半値なら、It's half-price. と言ってもよいでしょう。

A: How much is that one?
B: It's on sale, so it's only twelve dollars.

A: あれはおいくらかしら？
B: 特売品ですから、たった 12 ドルですよ。

86

Perfect.
完璧。

▶▶ ほめ言葉として日常的によく使われます。相手の行為を認めたり、ほめたりする言葉として、Fantastic. / Wonderful. などとともにこの種類の表現は数多くありますが、ぜひ覚えておきたいものです。

A: So I sit here?
B: Yes. One second. Hold still. Perfect.

A: じゃ、ここに座ればいいのね？
B: うん、ちょっと待って。そのままだよ。完璧。

87

Anything else?

あとは？

▶▶ 「ほかに、何かありますか？ それとも、これで終わりですか？」の意味で使える短くて便利なフレーズです。Anything other than that? も同じ意味になりますし、「これで、全部ですか？」ときちんと聞きたいときには Will that be all?、やや簡略すると You finished? になります。

A: Anything else?
B: Yes, I'd like something for dessert.

A: あとは？
B: そうだね、デザートに何か頼むかな。

88

That's it.

それで終わりです。

▶▶ 「もうこれで最後だ」と言うときに使われます。That's all. / That's everything. / We're finished. も同じフレーズとして便利です。また、That's it. には、前の話を受けて「そう、まさしくそれだよ」と、話題の中心になるものを強調する意味もあります。

A: Is everything packed?
B: Yes, that's it. Let's go.

A: 全部詰め終わった？
B: うん、これで終わりだよ。行こうか。

スキット　母への贈り物を見つけたいのですが

p. 93 で聞いたのは、実はこんな会話でした。スキットで扱ったキーフレーズを、使えるように練習しましょう。

Kayo: Hi, Brian. Shopping?

Brian: No, **I work here.**

Kayo: Really? I didn't know that.

Brian: **Didn't I tell you?**

Kayo: **I don't remember.** Maybe you did, maybe you didn't. Hey, maybe you can help me. I need to find a gift for my mother.

Brian: **That's a piece of cake.** How about this blouse? **It's on sale.**

Kayo: I don't think so. Purple isn't her color.

Brian: Then how about this one?

Kayo: **Perfect.** I know she'll love it.

Brian: **Anything else?**

Kayo: No, **that's it.**

Skit ▶ Track 44

佳代：あら、ブライアン。ショッピング？
ブライアン：いや、ここで働いているんだ。
佳代：ほんと？ 知らなかったわ。
ブライアン：言わなかったっけ？
佳代：覚えてないな。言ったかもしれないし、言ってないかもしれない。
あ、でも手伝ってくれるよね。母への贈り物を見つけたいの。
ブライアン：朝飯前だよ。このブラウスはどう？　特売品だよ。
佳代：それはちょっと……。母には紫色が似合わないので。
ブライアン：それなら、これはどう？
佳代：ばっちりよ。気に入ること間違いなしね。
ブライアン：あと、何かある？
佳代：いいえ、それで全部です。

Notes

- **remember** 思い出す
  Why couldn't he remember that one simple thing?
  なぜ彼は、あんな簡単なことさえ思い出せなかったんだろう？

- **need to...** （〜する）必要がある
  I need to carry all my books and notebooks to class.
  私はクラスに本やノート全部を持って行く必要がある。

Answer

紫色は母親に似合わないので。

英会話の玉手箱

音読は英語習得の王道

　私の英語がまだ初級レベルだったころ、毎日やっていたトレーニングがあります。それは英文で書かれたエッセイを大きな声を出して読むという、とても単純なものでした。

　私がこの方法でやってみようと思い立ったのは、「同時通訳の神様」として知られ、NHKテレビの英語番組で活躍していた國弘正雄先生の『英語の話しかた』（サイマル出版会）という本を読んでからのことです。そこには、「音読こそが英語習得の王道である」「音読する英文は意味がわかるものに限る」と書かれていました。

　私は國弘先生のこの言葉を信じ、大きな声を出して同じエッセイを何度も読んだものです。発音や読み方がへただった私でしたが、この訓練を継続することでこれらの問題もある程度は解消することができました。暗記しようという意図もなくひたすら読んでいたのですが、そこで使われる単語や文が自然と口から出るようになるというオマケがついていたのです。

　今では、私の英語学校で音読専門のコースも作っています。マルチメディアの発達で近代的と思われるいろいろな英語学習法が紹介される中、伝統的な学習法の「音読」に注目が集まるというのは皮肉な傾向です。

　みなさんも本書を利用して、ひたすら声に出して英文を読んでみてください。ただし、意味を理解してから音読をすることがポイントです。

Track 45

Unit 12

ドライブ

A Drive

Question

恵子は自宅までどういう手段で帰るのでしょうか？ スキットを聞きなが
ら、下の表現を参考に考えてみましょう。

このユニットで学ぶ鉄板表現 89 - 96

- 89 ☐ **Don't mention it.** どういたしまして。
- 90 ☐ **Oh dear.** あらまあ。
- 91 ☐ **What should I do?** どうしましょうか？
- 92 ☐ **Don't worry.** 心配しないで。
- 93 ☐ **Are you sure?** 確かですか？
- 94 ☐ **What a coincidence!** 偶然ですね！
- 95 ☐ **Gee.** おやまあ。
- 96 ☐ **Could be.** そうかもしれませんね。

101

89

Don't mention it.
どういたしまして。

▶▶ 「それについては触れないでください」から転じて、「どういたしまして」という意味になります。負担や苦労をかけたときのお礼に対して返すフレーズです。ほかに Not at all. / There's no need to thank me. (感謝する必要はありません) などがあげられます。

A: Thanks for your help.
B: Don't mention it.

A: 手伝ってくれてありがとう。
B: どういたしまして。

90

Oh dear.
あらまあ。

▶▶ Oh, no. と同じく、驚いたり、びっくりしたときに思わず口から出る表現です。Oh dear. という表現には柔らかい響きがあるため、女性が発することが多いようです。ほかに「しまった」を表す表現には、Darn. / Shoot. などがあります。

A: Oh dear. I can't find my wallet.
B: Did you leave it in the car?

A: あらまあ。お財布が見つからないわ。
B: 車に忘れて来たのかい？

91

What should I do?

どうしましょうか？

▶▶ 何か困ったことが起きたときに、どうすればよいか相談したり、意見を求めたりする表現です。What am I going to do? も同じ意味を表します。I don't know what to do.（どうしたらよいかわからないよ）や I'm in a fix.（困ったことになった）などと言って、間接的に助けを求めることもできます。

A: He wants to leave me. What should I do?
B: Maybe I can talk to him.

A: 彼、私と別れたいって言うの。どうしたらいいの？
B: たぶん、僕なら彼と話ができると思うよ。

92

Don't worry.

心配しないで。

▶▶ あわてたり、心配している相手に対して「大丈夫」と力づけ、安心させるときの表現です。ほかに同じ意味で使える表現には、It's all right. / It's OK. / No problem. などがあります。

A: We're going to be late.
B: Don't worry. I know a shortcut.

A: 遅れちゃうわ。
B: 心配しないで。近道を知っているんだよ。

93

Are you sure?

確かですか？

▶▶ 相手の言ったことが間違いないかどうかを聞く表現です。sure は「〜に自信をもっている」という意味なので、その後に「that + 相手が話していた内容」が省略されています。そのほかの表現としては、Are you certain? / Are you positive? / You sure about that? があげられます。

A: He doesn't seem to be here.
B: Are you sure? He said he'd be waiting here to meet us at six.

A: 彼、ここに来ないみたいね。
B: 確かかい？ 6 時に僕らとここで落ち合うって言ってたんだよ。

94

What a coincidence!

偶然ですね！

▶▶ 普通なら相手とも合いそうにもない何かが、偶然にも相手のそれと一致したときに驚きを込めて言うフレーズです。単に驚きを表すだけ場合のフレーズなら、That's amazing. / That's unbelievable. も同じく使用できます。

A: I spent three years in Nigeria.
B: What a coincidence! I just came back from a trip there.

A: 私はナイジェリアに 3 年いました。
B: 偶然ですね！ 僕はそこに旅行して来たばかりです。

95

Gee.

おやまあ。

▶▶ ちょっと意外に思ったときや驚いたときなどに発する「へぇ」にあたる表現です。この手の感嘆詞はほかにも、Gosh. / Wow. / Hey. / Boy. などと、たくさんあります。特に Boy. はこの場合に限り、相手や自分が男女の性別に関係なく使うことができるので、ちょっと珍しいフレーズです。

A: Let's go to the ocean.
B: Gee. That's a great idea.

A: 海に行きましょうよ。
B: おっ、それっていい考えだね。

96

Could be.

そうかもしれませんね。

▶▶ 前の話題を受けて、確信はないけれどもその可能性はある、という場合に使うフレーズです。「自信はないけれどもありえる」というフレーズを、確信の低い順番から並べると、You never know. / Maybe. / Could be. / There's a chance. / That's possible. になります。

A: She might be at her parents' house.
B: Could be.

A: 彼女は両親の家にいるかもよ。
B: そうかもしれないね。

スキット　家まで車で送りましょう

p. 101 で聞いたのは、実はこんな会話でした。スキットで扱ったキーフレーズを、使えるように練習しましょう。

Keiko: Thanks for driving me to the train station.

David: **Don't mention it.** It's on my way.

Keiko: Here's the train schedule.

David: Which train are you taking?

Keiko: **Oh dear!** The last train has already left. **What should I do?**

David: **Don't worry.** I'll drive you home.

Keiko: **Are you sure?** It's pretty far.

David: No problem. I kind of feel like taking a drive tonight. By the way, where do you live?

Keiko: I live in Shinagawa Ward.

David: Really? **What a coincidence!** So do I.

Keiko: **Gee,** that's great. Maybe we're neighbors.

David: **Could be.** Well, let's go.

Skit ▶ Track 48

恵子：駅まで送ってくれてありがとう。
デイビッド：気にしないでください。ちょうど途中だったし。
恵子：ここに電車の時刻表でがあるわ。
デイビッド：どの電車に乗るのですか？
恵子：あらまあ！ 最終電車がもう出てしまっています。どうすればいいの？
デイビッド：心配しないで。車で家まで送ってあげますよ。
恵子：本当ですか？ かなり遠いですよ。
デイビッド：大丈夫です。今夜はドライブしたい気分だし。ところで、どこに住んでいるのですか？
恵子：品川区です。
デイビッド：本当に？ 偶然ですね。私もですよ。
恵子：まあ、それはすごい。もしかすると近所同士かも。
デイビッド：そうかもしれませんね。さあ、行きましょうか。

Notes

- **on one's way** 途中にある
  I hope I see you on my way home.
  私が家に帰る途中で会いたいのですが。

- **kind of** どちらかと言えば
  I kind of like to think of myself as a quiet type.
  どちらかと言えば、自分はおとなしいタイプだと思いたいのです。

- **feel like...** 〜がしたい（ような気がする）
  I feel like watching a movie tonight.
  今夜は映画を見たい気がします。

Answer

デイビッドが恵子を車で送る。

英会話の玉手箱

ひとりでも会話練習はできる

　「外国人と話さなければ、本当の英語は身につかない」「会話しようにも相手になってくれる人がいない」などという話をよく耳にします。でも、果たして相手がいなければ会話の練習はできないのでしょうか？

　私の世代は、周囲に外国人がいるような恵まれた環境にはありませんでした。そんな中で私が大いに利用したのがテープレコーダーです。それを外国人だと想定して、その日の出来事をマイクに向って話しかけました。この方法の利点は、録音された英語を聞くことで自分の実力を把握できるということです。中には自分の声や間違いだらけの英語を聞いて、いやになる人もいるかもしれません。

　中級レベルになると、この方法でスピーチの練習もすることが可能です。毎日、身近なテーマをもうけながら1分間スピーチを録音していくのです。もちろん、必ずそれをチェックすることを忘れてはいけません。今ならICレコーダーやスマートフォンで手軽に録音できます。

　録音機器を使わないで、ひとりでする会話練習もあります。それが「ひとりごと英会話」で、私もずいぶん実践しました。通学や通勤のときに、How come the train is so empty today? Right, most people are still on vacation. などと頭に浮かんだことを英語でつぶやくやり方です。英文を口に出すことで、何も持たずにいつでもどこでも実践的な学習ができます。

Track 49

Unit 13
映画のあとで
After a Movie

Question ▶▶

夏子とリチャードは、一緒に見た映画をそれぞれどう思ったでしょうか？ スキットを聞きながら、下の表現を参考に考えてみましょう。

このユニットで学ぶ鉄板表現 97 - 104

- 97 ☐ **I don't agree.** 同意はできないな。
- 98 ☐ **If you say so.** あなたがそう言うのなら。
- 99 ☐ **Give me a break.** 勘弁してよ。
- 100 ☐ **It was silly.** つまらなかったよ。
- 101 ☐ **I still liked it.** それでも気に入っているんだ。
- 102 ☐ **I know.** わかるよ。
- 103 ☐ **Let's face it.** 正直に認めましょう。
- 104 ☐ **Let's forget it.** もういいよ。

97

I don't agree.
同意はできないな。

▶▶ 相手にきっぱりと異を唱えるときに使う言葉です。同じ意味で、I disagree. / That's not true.（違うね）/ You're wrong. を使うこともできます。ただし、相手の意見を頭から否定してしまうのは、場合によっては失礼になることもあるので、頭に I'm sorry, but... と付け加えるなどの注意が必要です。

A: I think we should sell our house.
B: I don't agree. We've lived here for a long time.

A: 私、家を売るべきだと思うの。
B: 僕は反対だ。ここで家族が長いこと暮らして来たんだよ。

98

If you say so.
あなたがそう言うのなら。

▶▶ 「あなたの意見に100％賛成しているわけではないけど、そういうことにしておきましょう」という感覚で使われます。似たような表現としては、That's your opinion.（それは、君の意見だろ）/ Think what you want.（好きなように考えればいいよ）があります。

A: You lied to me.
B: If you say so.

A: 嘘をついたのね。
B: あなたがそう言うのなら。

99

Give me a break.

勘弁してよ。

▶▶ break はこの場合、「小休止」を指します。「ちょっと間を与えてくれ」から転じて、「勘弁してくれ」または「大目に見てくれ」になります。相手から無理なことを要求されたときのひとことです。ほかに、No way.（だめだよ）/ Oh, come on.（おいおい、ちょっと待ってくれ）などがあります。

A: You haven't been helping very much.
B: Give me a break. I've worked as hard as you have.

A: あなたったら、ちっとも手伝ってくれなかったわ。
B: 勘弁してくれよ。僕だって君と同じくらい一生懸命がんばってたよ。

100

It was silly.

つまらなかったよ。

▶▶ 絵画や演劇などを見て「ちっともよくなかった」と感想を言うときの表現です。silly には、「ばかげている」のほかに「つまらない」という意味があります。「ばかげている」を意味する代表的な表現には、ほかに、It was ridiculous. / It was stupid. などがあります。

A: How was the play?
B: It was silly. The humor was for teenagers.

A: 劇、どうだったの？
B: つまらなかった。あのギャグは十代向けだったよ。

101

I still liked it.

それでも気に入っているんだ。

▶▶ 「他人に何と言われようと、気に入っているものは気に入っているんだ」と自分の意見を主張したいときのフレーズです。「でも」という意味では but も使えそうな気がしますが、still のほうがより強い強調を表しています。

A: It wasn't their best concert. I was a little disappointed.
B: Hey, I still liked it.

A: 最高のコンサートとは言えなかったわ。ちょっとがっかりしちゃった。
B: おいおい、僕はそれでも楽しかったよ。

102

I know.

わかるよ。

▶▶ 相手に対して「あなたの気持ちや言いたいことはわかっているよ」と伝えるあいづちのひとつです。やや簡略的な言い方で親しい間柄でよく使われるフレーズです。丁寧に言いたいときには、I understand how you feel. / I see what you're saying. が使われます。

A: I've been really busy recently.
B: I know.

A: 最近、やたら忙しくって。
B: わかるよ。

103

Let's face it.

正直に認めましょう。

▶▶ face は「直面する」という意味で使用されています。「ちゃんと直面しようよ」と言うことで、「あまり認めたくはないが、事実は事実として嫌なことでもあえて直視しよう」という意味になります。it を fact に変えて Let's face facts. と言うこともできます。

A: Next year things may improve.
B: Let's face it. We have to close some of our stores.

A: 来年になったら、事がうまくいくかもしれないわ。
B: 正直に認めようよ。店を何件か閉めなければ。

104

Let's forget it.

もういいよ。

▶▶ この話題はお互いに忘れて、次の話題に移るか、何かほかのことに取りかかろう、と促すときのフレーズです。Let's do something else.（別のことをしようよ）/ Let's change the subject.（話題、変えようよ）/ Let's move on.（次の話に進もうよ）もよく使われます。

A: We'll have to wait an hour for a table.
B: Let's forget it. We can go somewhere else.

A: テーブルが空くまで、1時間待たなきゃならないんだって。
B: もういいよ。別の所に行こう。

スキット

映画の好みは人それぞれ

p. 109 で聞いたのは、実はこんな会話でした。スキットで扱ったキーフレーズを、使えるように練習しましょう。

Natsuko: That was a really great movie.

Richard: Really? I didn't like it.

Natsuko: It was so moving.

Richard: **I don't agree.** It was too sentimental.

Natsuko: The action scenes were exciting.

Richard: **If you say so.** Personally, I don't like violence.

Natsuko: And the ending was so beautiful.

Richard: **Give me a break. It was silly.**

Natsuko: **I still liked it.**

Richard: **I know.**

Natsuko: **Let's face it.** We have different tastes in movies.

Richard: Yeah. **Let's forget it.**

夏子：本当に素晴らしい映画だったわ。
リチャード：本当に？ 僕は好みではなかったね。
夏子：すごく感動的だったわ。
リチャード：そうは思えないな。感傷的過ぎだよ。
夏子：アクション・シーンもわくわくしたし。
リチャード：あなたがそう言うのなら。個人的には、暴力はきらいなんだ。
夏子：エンディングもすばらしかったわ。
リチャード：勘弁してくれよ。あれ、つまらなかったよ。
夏子：でも、私は好きなの。
リチャード：知ってるさ。
夏子：正直に認めましょう。私たち、映画の好みがまったく違っているのね。
リチャード：そうだね。もういいよ。

Notes

- **moving** 感動的な
  She told me a moving story about her childhood.
  彼女は、子ども時代の感動的な話を聞かせてくれた。

- **sentimental** 感情的な、お涙ちょうだいの
  My mother's favorite songs are really sentimental.
  母の好きな歌はとてもセンチメンタルなものです。

- **personally** 個人的には
  Personally I feel it's a good idea.
  個人的には、とてもいい考えだと思う。

- **taste** 好み、趣味
  She has good taste in clothing.　彼女は洋服の趣味がいい。

Answer

リチャードはつまらない映画だと思っているが、夏子は気に入っている。

英会話の玉手箱

相手の英語を利用する

　私には40年来のペンパルがいます。相手はアメリカ人女性で、学生時代にヨーロッパを旅行中に知り合いました。今ではお互いかなりの年になってしまいましたが、当時はともに若く、彼女からの手紙を郵便受けで見つけるたびに心が躍ったものです。

　手紙をていねいに読むと、それまで知らなかった「生」の英語表現がたくさん出てきました。そこで学んだものを返事の中で再び使うことで、自分の中でそれらの表現が定着していったのでした。

　最近は彼女との交信にもEメールを使っています。この文明の利器のおかげで、相手からの英語を利用することが簡単になりました。つまり文面の一部をコピーして返事の中で使用するやり方です。こうすることで、自分では書けないような名文も作ることが可能になりました。

　「相手の英語を利用する」というこの方式を、会話でも応用することができます。相手が使う単語や表現をよく聞き、それをこちらからの発言に取り入れるというやり方です。これを上手に利用すると、ダンスの練習でうまい相手と踊ることで、へたな人もそれなりにうまく踊ることができるぐらいの効果は期待できます。

　自分が次に話す内容ばかりを考えて、相手の話に耳を傾けられないという人がいます。これでは、相手の英語をうまく利用することはできません。相手の話を真剣に聞く態度が大事になります。

初めてのフライト

Unit 14

First Flight

Question

千代は結局、どこで何をする予定なのでしょうか？ スキットを聞きながら、下の表現を参考に考えてみましょう。

このユニットで学ぶ鉄板表現 105 - 112

- 105 **I couldn't help noticing.** 気になるんだけど。
- 106 **How did you know?** どうしてわかったの？
- 107 **It shows?** わかりますか？
- 108 **A bit.** ちょっとね。
- 109 **Everybody does.** みんなそうだよ。
- 110 **That's a relief.** ほっとしました。
- 111 **I haven't decided yet.** まだ決めていません。
- 112 **I don't want to trouble you.** 迷惑をかけたくないのです。

105

I couldn't help noticing.
気になるんだけど。

▶▶ 直訳としては、「気がつかずにはいられないのですが」です。相手に、失礼にならないように気を使いながら声をかけるときのフレーズです。ほかにも、Do you mind if I ask you something? / I know it might seem a little rude. / I hope you don't mind. などの表現があります。

A: I couldn't help noticing. Is that the new iPad?
B: Yes, it is. Do you want to try it?

A: 気になるんだけど。それは新しい iPad ですか？
B: そうだよ。触ってみる？

106

How did you know?
どうしてわかったの？

▶▶ 「なぜ相手がこの情報を知っているのだろう」という、驚きをこめた疑問を表す表現です。知らないはずの情報を相手がどうして知っているのかを問う文は、ほかに、Who told you? / How did you find out? / Where did you get that idea? があります。

A: So when are you getting married?
B: How did you know? It's a secret.

A: で、いつ結婚したの？
B: どうしてわかったんだい？ 秘密なのに。

107

It shows?

わかりますか？

▶▶ この場合、show は「目立っている」という意味で使われています。疑問文にはなっていませんが、語尾のトーンをあげることで「もしかして、そちらにはすっかりばれてしまっている？」というニュアンスを伝えようとしています。同じ意味では、You noticed? も一般的です。

A: You're in love with her!
B: It shows?

A: 彼女が大好きなんでしょ！
B: ばればれかな？

108

A bit.

ちょっとね。

▶▶ 「少し」を表す言い方にはいろいろありますが、最も簡単で言いやすいフレーズがこの A bit. です。A little. も同様に「少し」を表しますが、A little bit. になると、「ほんの少し」になり、規模が小さくなります。逆に、Quite a bit. / A fair amount. になると、規模が大きくなり、「かなり」という意味になります。

A: How much money have you saved?
B: A bit.

A: どのくらい貯金しているの？
B: ちょっとさ。

109

Everybody does.

みんなそうだよ。

▶▶ 相手を安心させたり、なぐさめたりするひとことです。「世の中、そんなものだ」というニュアンスを込めたいときには、That's how it is. と言うこともできますし、場合によっては It's nothing to be ashamed of.（恥ずかしがることなんかないよ）と付け足してもよいかもしれません。

A: I've made so many mistakes.
B: Don't worry. Everybody does.

A: たくさんへまをしちゃったわ。
B: 気にするなよ。みんなそうなんだから。

110

That's a relief.

ほっとしました。

▶▶ 相手の話を聞いて安心した、と感謝を込めて伝えるときの表現です。単に「それを聞いてうれしい」と伝えるときには、I'm glad to hear that. と言うこともできます。

A: Don't worry. The insurance will cover everything.
B: That's a relief.

A: 心配しないで。保険で全部カバーできるわ。
B: ほっとしたよ。

111

I haven't decided yet.

まだ決めていません。

▶▶ 「まだ考え中だからもう少し待ってほしい」と言うときのフレーズです。現在完了形を使用しているのがポイントです。「現在も考え中」にポイントをおいた、I'm still thinking about it. / I don't know yet. や、未来形の I'll decide later.（あとから決めるよ）も似た表現です。

A: When are you moving?
B: I haven't decided yet.

A: 引っ越しはいつ？
B: まだ決めてないんだよね。

112

I don't want to trouble you.

迷惑をかけたくないのです。

▶▶ 相手の申し出を遠慮するときの言い方です。せっかく申し出てくれた相手の気持ちを思いやりながら断るフレーズには、ほかにも You've already done so much for me. / There's no need for you to do that. などがあります。

A: Please stay here tonight.
B: No, that's quite all right. I don't want to trouble you.

A: どうぞ、今夜は泊まっていってちょうだい。
B: いや、そこまでしてくれなくて大丈夫だよ。迷惑をかけたくないから。

スキット　飛行機は初めてですか？

p. 117 で聞いたのは、実はこんな会話でした。スキットで扱ったキーフレーズを、使えるように練習しましょう。

Sam: **I couldn't help noticing.** Is this your first time flying?

Chiyo: **How did you know?**

Sam: You seem a little uncomfortable.

Chiyo: **It shows?**

Sam: **A bit.** I felt the same way the first time.

Chiyo: **You did?**

Sam: **Everybody does.**

Chiyo: **That's a relief.**

Sam: What are you going to do in Chicago?

Chiyo: **I haven't decided yet.**

Sam: I have a friend there. Shall I introduce you?

Chiyo: Thanks, but no thanks. **I don't want to trouble you.**

サム：気になるんですが。飛行機は初めてなのではないですか？
千代：どうしてわかったんですか？
サム：少し、居心地が悪そうだったので。
千代：わかりますか？
サム：少しは。僕も最初のときはそうでしたから。
千代：あなたも？
サム：みんなそうですよ。
千代：それを聞いて安心しました。
サム：シカゴは、何をしに？
千代：まだ決めていないんです。
サム：あそこには友だちがいます。紹介しましょうか？
千代：ありがたいけど、結構です。面倒をおかけしたくないですから。

Notes

- **first time** 初めて
  Is it your first time in Tokyo? 東京には、今回が初めてですか？
- **uncomfortable** 心地よくない
  This sofa is uncomfortable. このソファーは座り心地がよくない。
- **introduce** 紹介する
  Let me introduce myself. 自己紹介させてください。

Answer

千代はシカゴに行くが、結局何をするかはまだ決めていない。

英会話の玉手箱

あいづち上手は英語上手

　日本語でも英語でもそうですが、聞き上手の人と話していると会話がはずんでしまいます。そんな人たちに共通するのが、あいづちの打ち方のうまさです。

　あいづちは「言っていることを聞いている」あるいは「理解できる」ということを相手に伝えるサインと考えることができます。少なすぎると相手が不安になり、多すぎれば煩わしくなってしまいます。難しいことですが、ほどほどに使わなければなりません。

　私の知り合いの中に、あいづちのひとつ Really? を連発する人がいます。これではこの表現だけが耳について、相手に悪い印象を与えてしまいます。同じものばかりではなく、いくつか他の表現も覚えておきたいものです。

　あいづちにはいくつかのパターンがあります。
① 「なるほど」Uh-huh. / I see / Oh, yes.
② 「本当ですか？」Really? / Is that right? / Is that so?
③ 「同意します」I think so, too. / Yes, indeed. / Exactly.
④ 「いいですね」That's good. / I like that. /
　　　　　　　　Sounds interesting.
⑤ 「ひどいですね」Oh, no. / That's too bad. /
　　　　　　　　That's terrible.
などを知っていれば十分でしょう。

　あいづちを打つコツは、話し手が言っていることをよく注意して聞き、息を抜いたときにタイミングよく入れることです。

Track 57

Unit 15

夏休み
Summer Vacation

Question

ブルースとのり子のふたりは夏休みの旅行の計画について話をしています。今回はどんな旅行になるのでしょうか？ スキットを聞きながら、下の表現を参考に考えてみましょう。

このユニットで学ぶ鉄板表現 113 - 120

- 113 ☐ **I'll drink to that.** ほんと、そうだよね。
- 114 ☐ **Definitely.** 絶対に。
- 115 ☐ **It depends.** 場合によりけりかな。
- 116 ☐ **And one more thing.** それからもうひとつ。
- 117 ☐ **What's that?** それで何？
- 118 ☐ **Good question.** いい質問だ。
- 119 ☐ **It's my turn.** 私の番です。
- 120 ☐ **I can't wait.** 待ち遠しい。

125

113

I'll drink to that.

ほんと、そうだよね。

▶▶ 元々は「乾杯！」を意味するフレーズです。何かに賛成し、その景気づけに乾杯することから転じて、よい知らせに同意・賛同を表すフレーズになりました。「いい知らせだ」の That's good news. も似た意味で使うことができます。

A: Next week we get our bonus.
B: I'll drink to that.

A: 来週、ボーナスが出るわね。
B: 本当にそうだね。

114

Definitely.

絶対に。

▶▶ 何かを断固として強く肯定したり、断定したいときのひとことです。ほかには、Absolutely. / For sure. / Without a doubt. なども同じように使います。また、not をつけた Definitely not. は、逆に強く否定したいときのフレーズになります。

A: You have to try the wine in France.
B: I will. Definitely.

A: フランスではワインを飲まなきゃね。
B: そうするよ。絶対に。

115

It depends.
場合によりけりかな。

▶▶ 何かを聞かれても、その答えの決め手となる要素がはっきりしていない場合の答え方です。ほかにも、「まだわからないよ」という言い方は、There's more than one possibility. / It's not as simple as that. / Things can change. / We'll have to see. など、いろいろあります。

A: What's the best place to ski?
B: It depens. How good are you?

A: スキーを滑るのに一番いい場所はどこ？
B: 場合によりけりだね。どれぐらい上手なの？

116

And one more thing.
それからもうひとつ。

▶▶ 話の締めくくりに付け足すことがあるときに使う表現です。「そうそう、まだあるんだ」と、それまでの話の内容と違ったことを言うときも使われることがあります。And that's not all. / And there is something else. とも言います。

A: You shouldn't carry too much cash.
B: OK.
A: And one more thing. Don't drink the water.

A: 現金をたくさん持ち歩いちゃだめよ。
B: わかった。
A: それからもうひとつ。生水は飲まないでね。

117

What's that?

それで何？

▶▶ 相手の話の内容を受けて、「その話の中心となっているのは何？　早く教えてよ」と、話の先を促す表現です。話題の中心がまだ明らかになっていないので、this ではなく that を使用しているところに注目してください。同様の表現には Which is? / Namely? / Tell me. などがあります。

A: There's something I forgot to mention.
B: What's that?
A: You have to bring your own lunch.

A: 言い忘れてたことがあるの。
B: それで何？
A: 自分の昼ご飯をもって来てね。

118

Good question.

いい質問だ。

▶▶ 相手が難しい質問や、問題の核心に触れる質問をしてきた場合に返すほめ言葉のひとつです。ほかにも、That's a good point. / I'm glad you mentioned that. などがあります。

A: What will we do with the money?
B: Good question. We can decide later.

A: このお金、どうするの？
B: いい質問だ。あとから考えるさ。

119

It's my turn.

私の番です。

▶▶ 順番待ちをしていて、自分に順番が回って来たことを皆に知らせる表現です。「次が私の番だ」という意味で、I go next. / I'm the next one. とも言うことができます。

> A: I'll pay tonight.
> B: No, tonight it's my turn.

A: 今夜は私が払うわ。
B: いや、今夜は僕の番だよ。

120

I can't wait.

待ち遠しい。

▶▶ 直訳すると「もう待てない」ですが、「もう待つことができないくらい、わくわくして待ち遠しい」という気持ちがこのフレーズに込められています。丁寧に言うと、I'm looking forward to it. / I'm really excited. になります。

> A: The festival is tomorrow.
> B: I can't wait.

A: お祭りは明日ね。
B: 待ち遠しいよ。

スキット

夏休みには山へ行こう！

p. 125 で聞いたのは、実はこんな会話でした。スキットで扱ったキーフレーズを、使えるように練習しましょう。

Bruce: Summer vacation is almost here.

Noriko: **I'll drink to that.**

Bruce: About our trip to the mountains, should we invite Jane?

Noriko: **Definitely!** She's lots of fun.

Bruce: Should we camp or stay at a hotel?

Noriko: **It depends.** We have to see what the weather is like.

Bruce: **And one more thing.**

Noriko: **What's that?**

Bruce: Whose car should we use?

Noriko: **Good question.** Mine is bigger, but yours is newer.

Bruce: Last time we used yours, so now **it's my turn.**

Noriko: OK. This year we're going to have a great time. **I can't wait.**

ブルース：そろそろ夏休みだね。
のり子：本当にそうね。
ブルース：山へ泊まりに行く件だけど、ジェーンを誘わないか？
のり子：絶対そうすべきね。彼女、面白いもの。
ブルース：で、キャンプするか、ホテルに泊まるか、どっちにする？
のり子：場合によりけりね。天気がどんなふうか、見てみましょう。
ブルース：それと、もうひとつ。
のり子：何？
ブルース：誰の車で行く？
のり子：いい質問ね。私のは大きいけど、あなたのほうが新らしいわね。
ブルース：この前は君ので行ったから、今度は僕の番だよ。
のり子：いいわ。今年はすごく楽しいことになりそう。待ち遠しいわ。

Notes

- **mountains** 山間部
  The mountains in Taisetsu have excellent skiing.
  大雪山系にはスキーをするのに最高の場所があります。

- **invite** 誘う、招く
  I was invited to the party, but couldn't go.
  パーティーに招かれたが、行くことはできなかった。

- **like** 〜のような
  Today the weather is like spring.
  今日の天気は春のようだ。

Answer

ふたりはジェーンを誘って山に行く。泊まる場所は天候をみてから決める。車はブルースのものを使う。

英会話の玉手箱

否定疑問文は油断大敵

　英語と日本語の発想で、まったく逆になる例のひとつが否定疑問文に対する答え方です。「Yes. と No. が反対になる」と中学時代の先生から説明を受けて、頭が混乱してしまった人も多いはずです。

　初めて行ったイギリスのデパートでよさそうな革のジャケットを見つけました。しかし、「本物の革ではないのでは？」という疑念が脳裏に浮かんだのです。襟のタグには "Genuine" の文字がプリントされていました。この単語を知らなかった私が連想したのは、「天才」という意味の genius でした。そこでこれは「天才的にうまく作った偽物」と勝手に解釈してしまったのです。

　イギリスで人工皮のジャケットを買うのは愚かだとも考えたのですが、結局、それを買うことに決めました。支払いの際に出た表現がなぜか Isn't this real leather? で、レジの女性からは Yes, it is. との答えが返ってきました。「やっぱり」と私は心の中でため息をつき、帰路につきました。

　ホームステイ先に戻り、手元にあった辞書で genuine を調べると、「本物の」という訳語が目に飛び込んできました。うれしい誤算だったということは言うまでもありません。

　否定疑問文を正しく理解するためには、Yes, it is. のあとに続く単語に注目することです。つまり、Yes, it is (real leather). だと誤解することはないでしょう。

Track 61

テニスのあとで Unit 16

After Tennis

Question ▶▶

ふたりはテニスのあと、どこに行きますか？ また、その代金は誰が払いますか？ スキットを聞きながら、下の表現を参考に考えてみましょう。

このユニットで学ぶ**鉄板表現** 121 - 128

- 121 ☐ **That goes without saying.** 言われるまでもない。
- 122 ☐ **Let me give you some advice.**
  アドバイスさせてもらえるかな。
- 123 ☐ **I'll work on it.** やってみるよ。
- 124 ☐ **My treat.** おごるよ。
- 125 ☐ **Any place is fine.** どこでもいいよ。
- 126 ☐ **Good suggestion.** いい案だね。
- 127 ☐ **I'm a little short on cash.**
  現金の持ち合わせが少ししかない。
- 128 ☐ **Let's split the bill.** 割り勘にしよう。

121

That goes without saying.
言われるまでもない。

▶▶ 相手から何かを指摘され、「自分でもよくわかっているよ」と言いたいときのひとことです。口調によっては、「わかっているからもう放っておいてくれ」のニュアンスを伝えることもできます。似たフレーズとしては、Of course. / Naturally. / I know. などがあります。

A: We have to be careful not to spend too much money.
B: That goes without saying.

A: お金を使い過ぎないように、気をつけなきゃね。
B: 言われるまでもないよ。

122

Let me give you some advice.
アドバイスさせてもらえるかな。

▶▶ 相手に助言をするときの一般的なフレーズです。助言をするときに高飛車にでると失礼になるので、I think I can help you. / I know what you're doing wrong. / I know a better way. などと、遠回しに手伝いを申し出ることもできます。

A: Having problems again? Let me give you some advice.
B: OK. What should I do?

A: またトラブルなのね？ アドバイスさせてもらえるかしら。
B: うん。どうすればいいんだい？

123

I'll work on it.

やってみるよ。

▶▶ work on... には「〜に取り組む」という意味があります。「なんとかがんばってみるから、まかせてほしい」という気持ちがこめられたフレーズです。ほかには、I'll try. / I'll think of some way. などがあります。

A: Do you think you can get him to agree?
B: I'll work on it.

A: あなた、彼を同意させることができると思う？
B: やってみるよ。

124

My treat.

おごるよ。

▶▶ レストランなどの勘定を「自分が支払う」と言うときのフレーズです。上のフレーズは名詞で使っていますが、I will treat you. と、動詞で使うこともできます。ほかには、I'll pay. / It's on me. も一般的です。

A: Let's have French food.
B: But French food is too expensive.
A: Don't worry. It's my treat.

A: フランス料理を食べに行きましょうよ。
B: でも、フランス料理は高すぎるな。
A: 心配しないで。おごるから。

125

Any place is fine.
どこでもいいよ。

▶▶ 自分では決められないので、相手にまかせて場所を決めてもらうときのフレーズです。place を where に変えて、Anywhere is fine. と言うこともできますし、「君が好きにしてもいいよ」という意味の Wherever you like. も使えます。

A: Where should we spend the night?
B: Any place is fine.

A: 夜はどこに泊まろうかしら？
B: どこでもいいよ。

126

Good suggestion.
いい案だね。

▶▶ 相手が出してきた提案に対してほめる表現で、That's an excellent idea. も同じ意味です。賛成の意味も込められているので、I agree. ということもできますし、Why didn't I think of that? と、相手を持ち上げて賛美する言い方もあります。

A: Let's change the date of the meeting.
B: Good suggestion.

A: 会議の日程を変えましょうよ。
B: いい考えだね。

127

I'm a little short on cash.

現金の持ち合わせが少ししかない。

▶▶ 財布の中身が寂しいことを相手に打ち明けるときのフレーズです。short on... は「〜が不足している」と言う意味なので「現金がちょっと足りない」、つまり「財布の中身が寂しい」になります。

A: Can I pay you next week? I'm a little short on cash now.
B: Sure. No problem.

A: あなたへの支払いは来週にしてもらえる？ 今、現金の持ち合わせが少ししかないの。
B: いいよ。かまわないよ。

128

Let's split the bill.

割り勘にしよう。

▶▶ 文字通り訳すと「勘定を分け合う」です。これだけでも「割り勘にする」という意味が十分にわかります。bill はイギリスでよく使われ、アメリカでは check が一般的です。ちなみに、It's on me. は「今日は私のおごりです」になります。

A: I can't pay for dinner for 12 people.
B: Don't worry. Let's split the bill.

A: 12 人分のディナーの代金なんて払えないわ。
B: 心配しないで。割り勘にしましょう。

スキット テニスのあとで行きつけの店へ

p. 133 で聞いたのは、実はこんな会話でした。スキットで扱ったキーフレーズを、使えるように練習しましょう。

Yasunari: You played well, but you need more practice with your serve.

Judy: **That goes without saying.**

Yasunari: **Let me give you some advice.** You should relax. And the follow-through is important.

Judy: True. **I'll work on it.** Hey, let's go out for coffee.

Yasunari: OK. **My treat.**

Judy: Thanks. Where should we go?

Yasunari: **Any place is fine.**

Judy: Then how about the Italian place?

Yasunari: **Good suggestion.** I like Italian coffee.

Judy: Maybe we can have some pizza, too.

Yasunari: We could, but **I'm a little short on cash.**

Judy: Don't worry. **Let's split the bill.**

Skit ▶ Track 64

康成：君のプレイ、よかったよ。でも、サービスの練習をもっと積んだほうがいいな。
ジュディ：そうね、言われるまでもないわね。
康成：アドバイスさせてもらうね。リラックスしたほうがいいな。それから、フォロースルーが重要だよ。
ジュディ：本当にそうね。やってみるわ。ねえ、コーヒーを飲みに行きましょうよ。
康成：いいね。おごるよ。
ジュディ：ありがとう。どこに行こうかしら？
康成：どこでもいいよ。
ジュディ：じゃ、あのイタリア料理のレストランなんかどう？
康成：いい考えだね。イタリア風のコーヒー、好きなんだ。
ジュディ：ピザも食べられるしね。
康成：できたらね。でも、手持ちがちょっとしかないんだ。
ジュディ：心配しないで。割り勘にしましょう。

Notes

- **practice**　練習
  My son has judo practice after school.
  私の息子は放課後に柔道の練習をしています。

- **relax**　リラックスする、緊張を解く
  When Hanae needs to relax, she enjoys going to the movies.
  花恵がリラックスしたいときには、映画を見に行っている。

- **follow-through**　フォロースルー（野球やテニスなどで、腕をのばして球を押し出す動き）
  Her follow-through is very smooth.
  彼女のフォロースルーはとても滑らかな動きをしている。

Answer

ふたりは行きつけのイタリア料理店に行く。支払いは割り勘。

英会話の玉手箱
身近なアイドルを探せ！

　世の中には、英語名人と呼ばれる人がいます。タレントやラジオの英語番組で活躍する人もいれば、近所で評判の英語おじさんやお姉さんがそうかもしれません。英語がうまくなりたい人は、そんな身近な憧れのアイドルやヒーローを持つことをおすすめします。

　私の大学生時代のヒーローは、「同時通訳の神様」國弘正雄先生とNHKラジオ「英語会話」の東後勝明先生でした。著名な外国人ゲストを相手に、内容的にも互角に渡り合っていた國弘先生のインタビュー番組が忘れられません。そして、東後先生のように完璧な発音で英語が話せたら、と憧れたものです。

　今は、英語教育のことなら何でも知っている阿部一先生（阿部一英語総合研究所所長）のような英語教師になりたいと願っています。しかも、NHKラジオの番組で人気が高かった大杉正明先生やユーモアいっぱいに魅力的な話ができる遠山顕先生のようになれれば最高です。

　もうひとつ欲を言わせてもらえば、ビジネス英語で有名な杉田敏先生のように、英語を駆使して実業界で活躍できたら人生はもっと楽しいことでしょう。

　私には英語界のヒーローが常にいました。そんな人たちの使う英語や考え方を参考にして、自分の目標を立ててきたのです。どんな分野もそうでしょうが、憧れのアイドルをもつことで目標ができます。そして、自分の理想の姿を見ることが励みになるのです。

Track 65

Unit 17

乾杯！

Cheers!

Question

健司とアリスはどんな理由で乾杯しているのでしょうか？ スキットを聞きながら、下の表現を参考に考えてみましょう。

このユニットで学ぶ鉄板表現 129 - 136

- 129 ☐ **Here's to you.** 君に乾杯。
- 130 ☐ **Cheers!** 乾杯！
- 131 ☐ **None of your business.** 関係ないでしょう。
- 132 ☐ **to tell you the truth** 本当のことを言うと
- 133 ☐ **Just as I thought.** やっぱり。
- 134 ☐ **Anything you say.** 何とでも。
- 135 ☐ **Hang in there.** がんばって。
- 136 ☐ **Let's order another round.** もう一杯ずつ頼もう。

129

Here's to you.
君に乾杯。

▶▶ 「乾杯」にはいろいろな表現がありますが、これもそのうちのひとつです。ほかの表現としては、To your health. / Let's drink to our success. などがあります。フォーマルな席では、I'd like to propose a toast.（乾杯の音頭を取らせていただきます）が好んで使われます。

A: Here's to you and your wonderful wife.
B: Thank you.

A: あなたと、あなたの素晴らしい奥さまに乾杯。
B: ありがとう。

130

Cheers!
乾杯！

▶▶ 「乾杯」を表す言葉ですが、Here's to you. が「～に乾杯」とやや丁寧なのに対し、Cheers! は「カンパーイ！」と杯を上げるときのかけ声として使われます。他にも Prosit. / Skoal. / Salud もときどき使われますが、これらの3つの言葉はそれぞれドイツ語、スカンジナビア語、スペイン語から流用されています。

A: OK. Let's drink up. Cheers!
B: Cheers!

A: OK、飲みましょう。カンパイ！
B: 乾杯！

131

None of your business.

関係ないでしょう。

▶▶ business には「仕事」という意味のほかに「自分が責任を持って関わっていること」という意味があり、「君には関係する権利がないことだよ」つまり「よけいなお世話だ」という意味になります。口調によってはけんかを売ることになりますので、使うのには注意が必要です。

A: Who were you with last night?
B: That's none of your business.

A: 昨日の晩は誰と一緒だったのですか。
B: 関係ないだろ。

132

to tell you the truth

本当のことを言うと

▶▶ 相手に真実を知らせるときに使えるフレーズです。似た表現として put it this way がありますが、これは直接的なことは言いたくはないが、「こんな風に言ってみるかな」と、婉曲的に事実を伝えるときの表現になります。

A: How's your business doing?
B: To tell you the truth, it's been a bad year.

A: 仕事はどんな具合ですか。
B: 本当のことを言うと、うちにとっては芳しくない年ですね。

133

Just as I thought.

やっぱり。

▶▶ 「そんなことは、こっちにもわかっていたよ」と、相手の思惑を前もって予想していたことを伝えるときの表現です。ここでは just をつけ「思った通りまさにそのままだ」と強調しています。ほかには、Just as I expected. とも言うことができますし、ただ軽く I knew it. と言うのも一般的です。

A: Look. The window is broken.
B: Just as I thought. The thief came in through the window.

A: 見て。窓が割れているわ。
B: やっぱり。泥棒はあの窓から入ったんだね。

134

Anything you say.

何とでも。

▶▶ この Anything you say. のあとには、is fine. が省略されています。つまり、「何でもあなたの言うことに、私は従います」と相手の言うことに賛同している表現です。口調にもよりますが、相手が突飛なことを言ってきた場合には、「あーもういいよ、何とでも言って」という表現にもなります。

A: You should take lots of Vitamin C for your cold.
B: Anything you say.

A: 風邪をひいたときにはビタミンCをたっぷりとらなくちゃね。
B: そうですね。

135

Hang in there.

がんばって。

▶▶ 大変な仕事やつらいことを耐えて頑張る相手を激励する表現です。相手が少しげんなりしているときには、Don't give up. / Don't let it get you down. と、「あきらめないでがんばれ」言ってやりましょう。

A: Every night I have to study till late.
B: Hang in there. The test will soon be over.

A: 毎晩、夜遅くまで勉強しなければいけないの。
B: がんばって。テストが終わるのはもうすぐだから。

136

Let's order another round.

もう一杯ずつ頼もう。

▶▶ round は「一巡」の意味になります。another round の形で飲み物に対して使えば、「もう一杯ずつ」ということです。Let's order another round of drinks. と言うこともあります。

A: It's getting late. We should go.
B: No! Let's order another round.

A: もう遅いわ。帰りましょう。
B: いいや。もう一杯ずつ飲もう。

| スキット | # 君の新しい仕事に乾杯！ |

p. 141 で聞いたのは、実はこんな会話でした。スキットで扱ったキーフレーズを、使えるように練習しましょう。

Kenji: **Here's to you,** and your new job. **Cheers!**

Alice: Cheers!

Kenji: So how much do they pay you?

Alice: **None of your business.**

Kenji: Better than your last job?

Alice: **To tell you the truth,** a lot better.

Kenji: **Just as I thought.** Next year you'll be president of the company.

Alice: **Anything you say.** By the way, how's your job going?

Kenji: So-so. I have too much work to do.

Alice: Well, **hang in there.**

Kenji: Thanks. Well, drink up. **Let's order another round.**

Alice: OK!

健司：君に。そして、君の新しい仕事に。乾杯。
アリス：乾杯。
健司：それで、給料はどのくらいなの？
アリス：関係ないでしょ。
健司：前の仕事よりもいい？
アリス：本当のことを言うと、かなりいいのよ。
健司：やっぱり。来年には、その会社の社長になるんじゃないの。
アリス：何とでも言って。ところで、あなたのほうの仕事はどうなの？
健司：まあまあ。でも、最近は本当に忙しくて。
アリス：まあ、がんばって。
健司：ありがとう。さあ、ぐいっといきましょう。もう一杯ずつ頼むことにして。
アリス：了解！

Notes

- **a lot**
  次にくる比較級の形容詞の意味を強めている。
  much も同じように使える。

- **president** 社長
- **drink up** 飲み干す
- **round**
  酒などで全員にわたる1回分の量。

Answer

最近アリスが転職して給料が上がったこと対して。

英会話の玉手箱

得意な話題を持とう

　いくら欧米人が話好きといっても、話題にしてはまずいものもあります。年齢（特に女性に対して）や「どうして結婚しないの？」のようなプライベートなことは、親しい関係になるまではタブーです。お金に関することも避けましょう。また、宗教や政治の話も、時と相手を選ばなければいけません。とにかく、パーティーや食卓などではみんなが気軽に楽しめる話題が一番です。

　あいさつや自己紹介ぐらいまでなら、なんとかできるという人は多いでしょう。しかし、問題は自分の力量を超えたあとの会話です。相手の舌が絶好調に達するころからが、苦痛の連続になります。とりわけ意見を交わすような状況下では、相手の意見に同調するだけ、というような経験をしたことはありませんか？

　一方的な会話を避けるためにも、Umm... とか So... などというつなぎの表現を使って、会話を長くする努力をして欲しいものです。それ以上に重要なことは、やはり普段からいろいろな話題について、少しでも話せるように準備しておくことでしょう。

　会話によく登場する話題に関しては、事前にそれなりに想定できます。例えば、「家族」や「仕事」などの身近なものから、「食べ物」「服装」などの日常生活や趣味に関するものまで。少し難しいものとしては、「教育」「経済」「恋愛」などなど。とりあえず、最初は5項目ぐらいから始めるのがいいでしょう。

Track 69

Unit 18 私の兄
My Brother

Question

まどかのお兄さん、犬そして猫は、どの順番で道路に飛び出しましたか？スキットを聞きながら、下の表現を参考に考えてみましょう。

このユニットで学ぶ鉄板表現 137 - 144

- 137 ☐ **Sure is.** 確かにそうですね。
- 138 ☐ **Then what?** それで、どうなったの？
- 139 ☐ **That's terrible.** それはひどい。
- 140 ☐ **Luckily, no.** 幸い、そうはならなかったよ。
- 141 ☐ **I bet.** でしょうね。
- 142 ☐ **You know what?** 聞いてください。
- 143 ☐ **No way.** まさか。
- 144 ☐ **It's true.** 本当ですよ。

137

Sure is.

確かにそうですね。

▶▶ 前の文を受けて「本当にそうだね」という、相手に同意するフレーズになります。つまり、is のあとには相手が先に言った文が省略されています。ですから、相手が is 以外の動詞で始まる文で話した場合には、is の be 動詞が do や does に変化することに注意しましょう。

A: This is a wonderful party.
B: Sure is.

A: 素晴らしいパーティーね。
B: 本当にそうだね。

138

Then what?

それで、どうなったの？

▶▶ 相手の話を先に促すときのあいづちのひとつで、And then? / What happened next? もよく使用されます。「それで、そのあと君はどうしたの？」と、その話に対して行った相手の行動を聞く場合は、After that what did you do? となります。

A: He told me I would have to come back another day.
B: Then what?

A: 彼ったら、戻ってくるのは別の日にしてくれ、なんて言うのよ。
B: それで、どうなったの？

139

That's terrible.

それはひどい。

▶▶ 相手が何かがっかりするような話をしたときに使うあいづちで、相手に同情していることを示す表現です。ほかには、That's horrible. / That's awful. / That's shocking. などがあります。

A: I lost my job.
B: That's terrible.

A: 失業しちゃった。
B: それはひどい。

140

Luckily, no.

幸い、そうはならなかったよ。

▶▶ 相手が何かひどいことを想像して聞いてきた場合に、「大丈夫だったよ」と安心させたり、「おあいにくさま、運よくそうはならなかったよ」と返すときの答えです。ほかの似たフレーズでは、Fortunately, not. / I was lucky. があります。

A: You didn't study at all? So you failed, right?
B: Luckily, no.

A: 全然勉強しなかったの？ じゃ落第したでしょ、違う？
B: 幸い、大丈夫だったよ。

141

I bet.

でしょうね。

▶▶ bet は「賭ける」という意味です。つまり「そうなることに賭けてもよい」と言うことで、「確かにそうでしょう」と相手に同意するときの表現になります。I'm sure you did. や、「そうなっても驚かないよ」の That doesn't surprise me. も同じ意味です。

A: We had a great time in Guam.
B: I bet.

A: 私たち、グアムでは素晴らしい時を過ごせたわ。
B: だろうね。

142

You know what?

聞いてください。

▶▶ 何か新しい話をしたいときのフレーズです。話すときに語尾を上げ、相手に「こんなこと、知ってる？」と問いかけることで、「ねえねえ、ちょっと耳かしてよ、教えてあげるから」という意味になります。

A: You know what? I'll make you dinner tonight.
B: Gee. Thanks.

A: ねえねえ、聞いて。今夜は、手料理ごちそうしてあげるわよ。
B: すごい、ありがとう。

143

No way.
まさか。

▶▶ 相手が意外なことを言ったりしたときに、「そんなの、ありえないよ」と反発するときの表現です。ほかには、「信じられない」の That's unbelievable. や、「からかってるんだろ」の You're joking. を覚えておきましょう。

A: I scored three runs.
B: No way.

A: 私、3点入れたのよ。
B: まさか。

144

It's true.
本当ですよ。

▶▶ 突拍子もないことを話すときに、「信じてください」というニュアンスをこめて使うひとことです。It really happened.（本当に起こったんですよ）もよく使用されます。

A: It's true. I'm really moving.
B: Well, I'm going to miss you.

A: 本当なの。私、本当に引っ越すのよ。
B: それじゃ、寂しくなるな。

スキット 兄が犬を連れて散歩をしていると……

p. 141 で聞いたのは、実はこんな会話でした。スキットで扱ったキーフレーズを、使えるように練習しましょう。

Allen: Perfect weather to be at the park.

Madoka: **Sure is.** Did I tell you about my brother?

Allen: No.

Madoka: Well, he was taking his dog for a walk, and suddenly there was a cat. It saw the dog and ran out onto the road.

Allen: Really? And **then what?**

Madoka: The dog goes after the cat, with my brother behind. And they almost got hit by a car.

Allen: **That's terrible.** Were they hurt?

Madoka: **Luckily, no.** But he was really angry at his dog.

Allen: **I bet.**

Madoka: And **you know what?** The next day the same thing happened again.

Allen: **No way.**

Madoka: **It's true.**

Skit ▶ Track 72

アレン：公園で過ごすには、申し分のない天気だね。
まどか：本当にそうね。兄のことは話したっけ？
アレン：いや。
まどか：その兄だけれども、犬を連れて散歩をしていると、突然猫が出て来たの。それが犬を見て、道路に飛び出したのよ。
アレン：本当に？ それで、どうなったの？
まどか：猫を犬が追いかけて、そのあとを兄が追いかけたの。それで全員危うく車に引かれるところだったわ。
アレン：それはひどい。ケガをしたの？
まどか：幸運なことに、大丈夫だったの。でも、兄は犬にひどく怒っていたわ。
アレン：だろうね。
まどか：それで、どうなったと思う？ 次の日、同じことがまた起きたのよ。
アレン：まさか。
まどか：本当よ。

Notes

- **take... for a walk**　〜を散歩に連れ出す

- **go after...**　〜を追いかける
  The police went after the man, but he couldn't catch him.
  警察が彼を追いかけたが、彼を捕まえることはできなかった。

- **be angry at...**　〜に腹を立てる
  Kelly is angry at his girlfriend for smiling at another man.
  ケリーはガールフレンドがほかの男ににっこりしたといって腹を立ててるんだ。

Answer

猫、犬、そしてまどかのお兄さんの順番。

英会話の玉手箱
リスニングには2種類ある

　書店をのぞくと、リスニングの本が溢れています。私が若かったころにこれだけの教材があったら、大助かりだったことでしょう。当時はテープ教材も高価で、貧乏学生には手が届きませんでした。そんなことから、私はもっぱら教材を自主製作していました。

　私が大学1年生から4年間お世話になったのが、NHKラジオ『英語会話』でした。特に、東後勝明先生の番組は欠かさずテープに取り、何度も聞き直したものです。1週間分のスキットだけを1年分ためて、1本に編集したテープも作りました。

　このテープを飽きるまで聞いているうちに、いつのまにか表現が口から出てくるようになったのです。当然、実際の会話の中でそれらを自由自在に使えるようにもなりました。これが、私が呼ぶところの「スピーキングのためのリスニング」です。

　もう1本のテープには、ラジオのミステリー番組を録音しました。これは内容的にもかなり難しくて、神経を集中しないとわかりませんでした。しかもミステリーですから、順序よく理解していかない限り、ストーリーについていけません。何度も聞いて、最後に犯人がわかったときの感動は格別のものでした。これが「リスニングのためのリスニング」です。

　この2種類のリスニングを併用して勉強したことが、私にとってはとても役に立ちました。

Track 73

Unit 19 タクシーに乗る

Taxi Ride

Question ▶▶

健児はタクシーの運転手さんとどんな話をしているのでしょうか？ スキットを聞きながら、下の表現を参考に考えてみましょう。

このユニットで学ぶ鉄板表現 145 - 152

- 145 ☐ **Could you step on it?** 車を飛ばしていただけませんか？
- 146 ☐ **Got you.** 了解。
- 147 ☐ **It'll take forever.** いつまでたっても終わらないよ。
- 148 ☐ **Trust me.** 信用してよ。
- 149 ☐ **I didn't know.** 知らなかった。
- 150 ☐ **You could say that.** まあそんなところでしょう。
- 151 ☐ **I'm impressed.** すごい、驚いたよ。
- 152 ☐ **It was easier than I thought.** 思ったより簡単だった。

145

Could you step on it?

車を飛ばしていただけませんか？

▶▶ タクシーなどで運転手に急いでもらいたいときに使う表現です。it は車のアクセルのことで、それを「step on=ぐっと踏み込む」ことで、スピードを出してもらうことになります。もちろん、Could you speed up? と言ってもかまいません。

A: We'll never get there. Could you step on it?
B: I'm already doing 100.

A: 全然着きそうにないわ。飛ばしていただけませんか？
B: もう 100 キロも出してますよ。

146

Got you.

了解。

▶▶ 相手が自分にしてもらいたいことや伝えたかったことを納得し、了解したことを伝える簡単なフレーズで、Gotcha. と綴られることがあります。I understand. や I see. よりもくだけた言い方です。ほかに、親しい相手同士で使えるフレーズとしては、Will do. / No problem. などがあります。

A: Make sure to bring lots of friends to the party.
B: Got you.

A: パーティーには、友だちをたくさん連れて来てね。
B: わかったよ。

147

It'll take forever.

いつまでたっても終わらないよ。

▶▶ 「こんな調子じゃ、時間がかかってどうしようもないよ」と文句を言うときの表現です。時間がかかり過ぎることを強調して、It'll take too long. や We don't have time. / There's no time. とストレートに言うこともできます。

A: We could order it from a company overseas.
B: But it'll take forever.

A: これなら、海外の会社に発注できるわよ。
B: でもそんなことしたら、いつまでたってもどうしようもないよ。

148

Trust me.

信用してよ。

▶▶ 疑っている相手に対し、自分の行動を信用してもらおうとする表現です。直接の意味は「信用して」ですが、Believe in me.「信頼して」のように人間性を信じてほしいときの表現と違い、もっと気軽に使用されます。Don't worry. / You won't be disappointed.（がっかりさせないって）なども相手を説得するフレーズです。

A: I usually don't like Indian food.
B: Trust me. This restaurant is great.

A: 私、インド料理ってどうも苦手なのよ。
B: 信用しなよ。このレストランは、最高なんだからさ。

149

I didn't know.

知らなかった。

▶▶ 自分がその情報を知らなかったことを素直に認めるときのフレーズです。「今までは知らなかったけれども、やっとわかった」ことを表現するのに、文が過去形になっていることに注意しましょう。ほかには No one told me.（誰も教えてくれなかった）もよく耳にします。

A: So how is Jenny?
B: We broke up.
A: Sorry, I didn't know.

A: それで、ジェニーは元気なの？
B: 僕たち、別れたんだ。
A: ごめんなさい、知らなかったの。

150

You could say that.

まあそんなところでしょう。

▶▶ 相手が言ったり、聞いたりしている内容をあいまいに認めるときのあいづちのひとつです。仮定法を使用しているので、You can say that again.（本当にそうだよね）よりも程度は弱くなります。

A: So you've been a little busy lately?
B: You could say that.

A: それで、あなた最近、少し忙しかったの？
B: そんなところかな。

151

I'm impressed.

すごい、驚いたよ。

▶▶ 単純にびっくりしたときの surprise と違い、相手の言動に感嘆したときに使います。That's impressive. / That's amazing. とも言えますし、I admire you.（尊敬するよ）と、感動を込めて伝えることもできます。

A: I designed the house myself.
B: I'm impressed.

A: この家は自分でデザインしたのよ。
B: すごいなあ。

152

It was easier than I thought.

思ったより簡単だった。

▶▶ 控えめに自慢したいときのフレーズです。It wasn't so bad. / It wasn't so difficult. も似た表現です。It turned out to be pretty easy.（結果的にはかなり簡単だった）と言うこともできます。

A: How was the test?
B: It was easier than I thought.

A: テスト、どうだった？
B: 思ったより簡単だったよ。

スキット　このタクシーは禁煙です

p. 157 で聞いたのは、実はこんな会話でした。スキットで扱ったキーフレーズを、使えるように練習しましょう。

Ann: So where are you going?

Kenji: To the Field Building on Main Street. And **could you step on it?** I'm late.

Ann: **Got you.**

Kenji: Why are you taking this road? **It'll take forever.**

Ann: **Trust me.** It's the fastest way.

Kenji: You got a light?

Ann: Sorry. You can't smoke in the taxi.

Kenji: **I didn't know.** I guess everywhere in the States is non-smoking.

Ann: **You could say that.** I quit a few years back.

Kenji: **Wow, I'm impressed.** It must have been difficult.

Ann: **It was easier than I thought.**

Kenji: Really? Maybe I can quit, too.

アン：で、どこまで行きますか？
健児：メイン・ストリートのフィールド・ビルディングまで。飛ばしてくれませんか。遅れているんだ。
アン：了解。
健児：何でこの道を通るの？ いつまでたっても着かないよ。
アン：信用してくださいよ。一番早道ですから。
健児：火、ある？
アン：すみません。このタクシーは禁煙です。
健児：知らなかったよ。合衆国ではどこでも禁煙だね。
アン：そうですね。私は数年前にやめましたよ。
健児：へえ、驚いたな。難しかったろうに。
アン：思ったよりも簡単でしたよ。
健児：本当かい？ なら、僕もやめられるかもしれないな。

Notes

- **You got a light?**　火、あるかな？
  他の表現としては、**Do you have a light?** と **Can I borrow a lighter?** がある。

- **quit**　やめる
  It's been 30 days since I quit drinking.
  禁酒して30日になるよ。

Answer

禁煙について。

英会話の玉手箱

自己紹介で自分を語る

　パーティーでも、英会話のクラスでも、初めての人に会ったときに求められるのが自己紹介です。ある意味では、この自己紹介こそが自分について語る基本になります。

　「自己紹介してください」と言われて、あなたはとっさに英語が出てくるでしょうか？　名前と職業しか言えないのでは、寂しい限りです。普段からいつでもどこでも使える自己紹介のパターンを作っておきたいものです。相手が自分に興味を持ってくれそうな情報が2、3入っていれば、それで十分でしょう。

　あなたの自己紹介を聞いて、質問してくる人もいるかもしれません。例えば、「どんな音楽が好きなのですか？」「大学では何を専攻しましたか？」「会社では海外出張などはあるのですか？」など、いろいろと考えられます。そんな質問も想定して、少し長めの自己紹介文を作っておくと便利です。

　この自己紹介をさらに拡大すると、1時間もの超大作も夢ではありません。これが可能になれば、どんなことを聞かれようとも、準備した自己紹介の一部を利用することができるはずです。

　長い自己紹介ができるようになるためには、普段から使えそうな表現をストックしておくことをおすすめします。そして、その一部を変えることにより、自己紹介文を少しずつ付け加えていく方法が効率的です。

Track 77

Unit 20 よい計画

A Good Plan

Question ▶▶

リチャードが主張するよい計画のポイントは何でしょうか？ スキットを聞きながら、下の表現を参考に考えてみましょう。

このユニットで学ぶ鉄板表現 153 - 160

153 □ **Could you speak up?** 大きな声で話していただけますか？
154 □ **That's what I said.** その通りです。
155 □ **What do you mean?** どういう意味ですか？
156 □ **Let me say one thing.** ひとこと言わせてください。
157 □ **I agree.** 賛成です。
158 □ **Exactly.** まさにその通りです。
159 □ **That's the whole point.** そこがまさにポイントです。
160 □ **Like what?** 例えば、どのようにですか？

153

Could you speak up?
大きな声で話していただけますか？

▶▶ 相手の言うことがよく聞き取れなかった場合に聞き返す表現です。同じ意味を表す表現には、Could you talk a little louder? があります。これだけでも十分伝わりますが、I can't hear you. などと大きな声で話してもらう理由を付け加えたいものです。

A: I can't hear you. Could you speak up?
B: Sure.

A: よく聞こえません。大きな声で話していただけますか？
B: いいですよ。

154

That's what I said.
その通りです。

▶▶ 前に話した言葉や文を「そう言ったんだよ」と強調したいときに使います。口調によっては、ただの肯定の I already said that. / I already told you that. から、ちょっとうんざり気味の Do I have to repeat myself? にもなるフレーズです。

A: We won't have a test?
B: Yes, that's what I said.

A: テストがないんですって？
B: うん、その通り。

155

What do you mean?

どういう意味ですか？

▶▶ 相手の意図がよくわからなかったときに、相手に聞き返す表現です。I don't understand what you're saying.（何を言いたいのか、よくわかりません）と正直に話すもできますし、What's your point?（要点は何ですか）と、聞き返すこともできます。

A: I can't pay you back the money.
B: What do you mean?

A: そのお金は返すことができないのです。
B: どういう意味だい？

156

Let me say one thing.

ひとこと言わせてください。

▶▶ I have one thing to say. と同じく、反論や、意見を切り出すときのフレーズです。もう少し丁寧に、相手の同意を求めるようなニュアンスを込めたいときには、Can I make a comment?（コメントを言ってもいいですか？）や、Can I say one thing? が使われます。

A: Let me say one thing. It's not going to be easy.
B: I disagree.

A: ひとこと言わせてもらうわ。それは、簡単にはうまくいかないわよ。
B: そうは思わないな。

157

I agree.

賛成です。

▶▶ 相手の意見に納得し、賛成していることを表す表現です。ほかには、I'm all for that.（私はそれに大賛成です）/ You're right / That's a good idea. などがあげられます。また、この文は「意見が一致している状態」を指しているため、現在形になることに注意しましょう。

A: We should try a different restaurant.
B: I agree.

A: 違うレストランに入るべきです。
B: 賛成。

158

Exactly.

まさにその通りです。

▶▶ 相手の言ったことが自分の言いたいこととぴったり当てはまったときに、日常会話でよく使われる簡単で便利なフレーズです。ほかには Precisely. / That's entirely right. / That's exactly what I mean. などがあります。

A: If we sell this outside of Japan, we can make more money.
B: Exactly. That's why we need a good sales plan.

A: もし日本の国外でこれを売るなら、もっとお金を稼げるわね。
B: その通り。だからこそ、よいセールスプランが必要なんだ。

159

That's the whole point.

そこがまさにポイントです。

▶▶ 相手が話題の核心をついてきたときに、相手に同意する表現です。That's exactly the point. / That's what I mean. も同じフレーズとして使えますし、問題提起をはかるときにも、That's the problem.（問題となっているのは、それなのです）と同様に使えます。

A: But I did the best I could.
B: **That's the whole point.** It wasn't good enough.

A: でも、できる限りの努力はしたのよ。
B: そこがまさにポイントなんだ。それでは十分じゃなかったんだよ。

160

Like what?

例えば、どのようにですか？

▶▶ For example? と同様、相手の話している話題がピンとこないときに、具体的な例を出して説明してもらうように頼むときの表現です。もう少し丁寧な表現には、Be more specific.（もっと具体的に）/ What do you have in mind? があります。

A: Let's have something light for dinner.
B: **Like what?**

A: 夕食に何か軽いものを食べましょうよ。
B: 例えばどんなものだい？

スキット

よい計画とは？

p. 165 で聞いたのは、実はこんな会話でした。スキットで扱ったキーフレーズを、使えるように練習しましょう。

Richard: The most important thing is to have a good plan.

Mayumi: **Could you speak up?**

Richard: Oh, yes. Ahem. The most important thing is to have a good plan. A good plan. A plan for the future. We must target customers effectively.

Mayumi: Target customers?

Richard: **That's what I said.**

Mayumi: **What do you mean?** The customer is a target?

Richard: No. We must think about the needs of our customers.

Mayumi: **Let me say one thing. I agree.** But if the customers' needs change, you can't use your plan.

Richard: **Exactly. That's the whole point.** A good plan will foresee this.

Mayumi: Foresee?

Richard: Yes, the plan will look into the future, and see changes.

Mayumi: **Like what?**

Skit ▶ Track 80

リチャード：最も重要なのは、よい計画を立てることです。
アユミ：大きな声で言っていただけますか？
リチャード：ええ、いいですよ。ゴホン。最も重要なのは、よい計画をたてることです。よい計画を。つまり将来のための計画です。それと、効果的に顧客をターゲットにしなければなりません。
真由美：顧客をターゲットにですか？
リチャード：そうです。
真由美：どういう意味でしょうか？ 顧客がターゲットになるのですか。
リチャード：違います。顧客のニーズを考えなければならないということです。
真由美：ひと言いわせてください。私は賛成です。でも、顧客のニーズが変わったら、計画は使えませんよね。
リチャード：まさにその通りです。そこがまさにポイントなのです。よい計画とは、これも予測することです。
真由美：予測するのですか。
リチャード：そうです。ここでいう計画とは、将来を見通し、変更をも予測することです。
真由美：たとえば、どんなことですか？

Notes

- **Ahem.** ゴホンという咳払いの音
- **foresee** 予測する
  Some scientists **foresee** that Mars could be a "second Earth."
  科学者の中には、火星が「第二の地球」になりえると予想しているものもいる。
- **look into the future** 将来を見越す
  We can't **look into the future** that far.
  私たちはそんなに遠くまで未来を見越すことはできない。

Answer

将来の見通しも含めた顧客のニーズを考えること。

英会話の玉手箱

これが別れのテクニック

　ほかの約束がありそろそろ会話を切り上げたいのに、相手はいっこうに会話を終わらせるスキも見せない。そんな困った経験をしたことがある方も多いはずです。相手の気持ちを害することなく会話を終えるには、そのための段階を踏まなければなりません。

　まずこちらの動きを知らせるひとつとして、「理由」を言うやり方があります。It's getting late.? / I'm afraid I have to be going. / I have another appointment at nine. などがその例です。

　もうひとつの方法は「感謝」の気持ちを表すことです。Thank you for your time. / It was nice to see you again. / I really appreciate your help. などがよく使われています。

　それから、いよいよ会話を終了させる最終段階に移ります。これには、Goodbye, Scott. / Good night, Jane. のように、「あいさつ」で終えるパターンがあります。「また会おう」という意味で、Talk to you later. / See you. もよく使われる表現です。そして、よく耳にする Take it easy. / Don't work too hard. / Take care. などは、日本人が別れ際によく言う「ガンバッテね」に近いものと考えることができます。

　この締めくくりの難しさは、表現を覚えるだけではだめだということです。どちらから会話を締めくくればいいのか、表現を使うタイミングも経験から学ぶしかありません。

チェックリスト

鉄板表現 160 のまとめです。ダウンロード版（12 ページ参照）では音声のみを聞きながら、日本語を英語にする練習ができます。日本語→ポーズ→英語の順番に収録されています。ポーズの間に英語を口頭で言って確認しましょう。

1 □□□ そこそこだよ。 **Not bad.**	**9** □□□ ねえねえ、何だと思う？ **Guess what?**
2 □□□ さっぱり見当がつかない。 **I have no idea.**	**10** □□□ いいですね。 **That's cool.**
3 □□□ 冗談だよ。 **Just kidding.**	**11** □□□ できればそうしたいのですが。 **I wish I could.**
4 □□□ なるほど、そうですか。 **I see.**	**12** □□□ それは残念です。 **That's too bad.**
5 □□□ あわてないで。 **Don't panic.**	**13** □□□ 約束します。 **I promise.**
6 □□□ それはよかった。 **I'm glad to hear that.**	**14** □□□ それはすてきです。 **That would be nice.**
7 □□□ そろそろ行こうよ。 **We'd better get going.**	**15** □□□ 楽しんでください。 **Have fun.**
8 □□□ お先にどうぞ。 **After you.**	**16** □□□ じゃ、またね。 **See you later.**

17 ☐☐☐ 信じられない。 **I can't believe it.**	**26** ☐☐☐ くつろいでください。 **Make yourself comfortable.**
18 ☐☐☐ そのうちわかるよ。 **We'll see.**	**27** ☐☐☐ 今は結構です。 **Maybe later, thanks.**
19 ☐☐☐ 仕方がないよね。 **That's life.**	**28** ☐☐☐ 頼みたいことがあるのです。 **I have a favor to ask you.**
20 ☐☐☐ そうだと思うよ。 **I guess so.**	**29** ☐☐☐ どうかしましたか？ **What can I do for you?**
21 ☐☐☐ もうこんな時間だ。 **It's getting late.**	**30** ☐☐☐ その通りです。 **That's right.**
22 ☐☐☐ 行ってらっしゃい。 **Have a nice trip.**	**31** ☐☐☐ ご迷惑でなければいいんですが。 **If it's no trouble.**
23 ☐☐☐ 無理しないでね。 **Don't work too hard.**	**32** ☐☐☐ 喜んでそうさせていただきます。 **I'd be honored.**
24 ☐☐☐ やってみるよ。 **I'll try.**	**33** ☐☐☐ 私もです。 **So am I.**
25 ☐☐☐ 気に入ってくれて、よかった。 **I'm glad you like it.**	**34** ☐☐☐ そうですねえ。 **Let's see.**

35 ☐☐☐ 私はそれで結構です。 **Fine with me.**	**44** ☐☐☐ 電話をくださるようにお伝えください。 **Please ask him to call me.**
36 ☐☐☐ 私はかまいませんよ。 **I don't care.**	**45** ☐☐☐ お名前をいただいていませんが。 **I didn't get your name.**
37 ☐☐☐ すばらしい。 **Great idea.**	**46** ☐☐☐ そちら様のお電話番号を存じておりますでしょうか？ **Does he have your number?**
38 ☐☐☐ どうぞご遠慮なく。 **Be my guest.**	**47** ☐☐☐ お電話を差し上げるにはいつがご都合がよろしいでしょうか？ **When's the best time to call?**
39 ☐☐☐ いいですね。 **Sounds good.**	**48** ☐☐☐ 早ければ早いほどよいです。 **The sooner, the better.**
40 ☐☐☐ 確かにそうです。 **That's true.**	**49** ☐☐☐ さあ、なんとも言えないなあ。 **Who knows?**
41 ☐☐☐ リチャードさんはいらっしゃいますか？ **Is Richard there?**	**50** ☐☐☐ もちろんです。 **Sure, why not?**
42 ☐☐☐ 外出中です。 **He's out now.**	**51** ☐☐☐ 私じゃないよ。 **Not me.**
43 ☐☐☐ 伝言をお願いできますか？ **Can I leave a message?**	**52** ☐☐☐ もう一度言ってくれる？ **Pardon?**

53 それがどうかした？ **Why do you ask?**	**62** それはどうだか。 **I doubt it.**
54 ちょっと気になっただけ。 **Just curious.**	**63** 考えておくよ。 **I'll think about it.**
55 それほどでもないよ。 **Not really.**	**64** どういたしまして。 **Anytime.**
56 思い出した。 **That reminds me.**	**65** お願いがあります。 **May I ask you a favor?**
57 どうかしたのですか？ **What's the matter?**	**66** どうしてですか？ **What for?**
58 もううんざりだ。 **I'm really fed up.**	**67** まかせてください。 **You can count on me.**
59 どうして？ **How come?**	**68** ばかげたことを言わないで。 **Don't be silly.**
60 不公平だ。 **It's not fair.**	**69** どうもありがとう。 **Thanks a million.**
61 ほんの思いつきだけど。 **Just a thought.**	**70** 借りができたね。 **I owe you one.**

71 ☐☐☐ 気にしないで。 **Forget it.**		**80** ☐☐☐ お話しできてよかった。 **I was nice taking with you.**
72 ☐☐☐ たいしたことじゃないよ。 **It's no big deal.**		**81** ☐☐☐ ここで働いています。 **I work here.**
73 ☐☐☐ こんなところであえるとは奇遇ですね。 **Fancy meeting you here.**		**82** ☐☐☐ 話してませんでしたか？ **Didn't I tell you?**
74 ☐☐☐ 久しぶり。 **Long time no see.**		**83** ☐☐☐ 覚えていません。 **I don't remember.**
75 ☐☐☐ 調子はいかがですか？ **How's everything going?**		**84** ☐☐☐ 簡単だよ。 **That's a piece of cake.**
76 ☐☐☐ 相変わらずだよ。 **The same as usual.**		**85** ☐☐☐ 特売品です。 **It's on sale.**
77 ☐☐☐ 私も。 **So do I.**		**86** ☐☐☐ 完璧。 **Perfect.**
78 ☐☐☐ 残念だけど。 **No, I'm afraid not.**		**87** ☐☐☐ あとは？ **Anything else?**
79 ☐☐☐ 幸運を祈ろう。 **Let's keep our fingers crossed.**		**88** ☐☐☐ それで終わりです。 **That's it.**

89 ☐☐☐
どういたしまして。
Don't mention it.

90 ☐☐☐
あらまあ。
Oh dear.

91 ☐☐☐
どうしましょうか？
What should I do?

92 ☐☐☐
心配しないで。
Don't worry.

93 ☐☐☐
確かですか？
Are you sure?

94 ☐☐☐
偶然ですね！
What a coincidence!

95 ☐☐☐
おやまあ。
Gee.

96 ☐☐☐
そうかもしれませんね。
Could be.

97 ☐☐☐
同意はできないな。
I don't agree.

98 ☐☐☐
あなたがそう言うのなら。
If you say so.

99 ☐☐☐
勘弁してよ。
Give me a break.

100 ☐☐☐
つまらなかったよ。
It was silly.

101 ☐☐☐
それでも気に入っているんだ。
I still liked it.

102 ☐☐☐
わかるよ。
I know.

103 ☐☐☐
正直に認めましょう。
Let's face it.

104 ☐☐☐
もういいよ。
Let's forget it.

105 ☐☐☐
気になるんだけど。
I couldn't help noticing.

106 ☐☐☐
どうしてわかったの？
How did you know?

107 わかりますか？ **If shows?**	**116** それからもうひとつ。 **And one more thing.**
108 ちょっとね。 **A bit.**	**117** それで何？ **What's that?**
109 みんなそうだよ。 **Everybody does.**	**118** いい質問だ。 **Good question.**
110 ほっとしました。 **That's a relief.**	**119** 私の番です。 **It's my turn.**
111 まだ決めていません。 **I haven't decided yet.**	**120** 待ち遠しい。 **I can't wait.**
112 迷惑をかけたくないのです。 **I don't want to trouble you.**	**121** 言われるまでもない。 **That goes without saying.**
113 ほんと、そうだよね。 **I'll drink to that.**	**122** アドバイスさせてもらえるかな。 **Let me give you some advice.**
114 確かに。 **Definitely.**	**123** やってみるよ。 **I'll work on it.**
115 場合によりけりかな。 **It depends.**	**124** おごるよ。 **My treat.**

125 □□□
どこでもいいよ。
Any place is fine.

126 □□□
いい案だね。
Good suggestion.

127 □□□
現金の持ち合わせが少ししかない。
I'm a little short on cash.

128 □□□
割り勘にしよう。
Let's spilt the bill.

129 □□□
君に乾杯。
Here's to you.

130 □□□
乾杯！
Cheers!

131 □□□
関係ないでしょう。
None of your business.

132 □□□
本当のことを言うと
to tell you the truth

133 □□□
やっぱり。
Just as I thought.

134 □□□
何とでも。
Anything you say.

135 □□□
がんばって。
Hang in there.

136 □□□
もう一杯ずつ頼もう。
Let's order another round.

137 □□□
確かにそうですね。
Sure is.

138 □□□
それで、どうなったの？
Then what?

139 □□□
それはひどい。
That's terrible.

140 □□□
幸い、そうはならなかったよ。
Luckily, no.

141 □□□
でしょうね。
I bet.

142 □□□
聞いてください。
You know what?

143 まさか。 **No way.**	**152** 思ったより簡単だった。 **It was easier than I thought.**
144 本当ですよ。 **It's true.**	**153** 大きな声で話していただけますか？ **Could you speak up?**
145 車を飛ばしていただけませんか？ **Could you step on it?**	**154** その通りです。 **That's what I said.**
146 了解。 **Got you.**	**155** どういう意味ですか？ **What do you mean?**
147 いつまでたっても終わらないよ。 **It'll take forever.**	**156** ひとこと言わせてください。 **Let me say one thing.**
148 信用してよ。 **Trust me.**	**157** 賛成です。 **I agree.**
149 知らなかった。 **I didn't know.**	**158** まさにその通りです。 **Exactly.**
150 まあそんなところでしょう。 **You could say that.**	**159** そこがまさにポイントです。 **That's the whole point.**
151 すごい、驚いたよ。 **I'm impressed.**	**160** 例えば、どのようにですか？ **Like what?**

索引

色文字の数字はその表現が詳しく説明されているページを示します。

A

A bit.	**119**
A fair amount.	**119**
A little bit.	**119**
A little.	**119**
Absolutely.	**126**
After that what did you do?	150
After you.	**17**
And one more thing.	**127**
And that's not all.	**127**
And then?	150
And there's something else.	**127**
Any place is fine.	**136**
Anything else?	**97**
Anything other than that?	**97**
Anything you say.	**144**
Anytime.	**73**
Anywhere is fine.	**136**
Are evenings Ok?	57
Are you certain?	**104**
Are you positive?	**104**
Are you sure?	**104**
As soon as possible.	57
As soon as you can.	57

B

Be more specific.	169
Be my guest.	**48**
Believe in me.	159
Boy.	**105**

C

Can I ask you a favor?	39
Can I have your name?	56
Can I leave a message?	**55**
Can I make a comment?	167
Can I say one thing?	167
Can you do me a favor?	78
Can you give him a message?	**55**
Can you leave your name?	56
Catch you later.	25
Cheers!	**142**
Cool!	22
Could be.	**105**
Could you connect me with Richard?	54
Could you do me a favor?	39
Could you have him call me?	**55**
Could you speak up?	**166**
Could you step on it?	158
Could you talk a little louder?	166

D

Darn.	102
Definitely	**126**
Definitely not.	**126**
Didn't I tell you?	**94**
Do I have to repeat myself?	166
Do you mind if I ask you something?	118
Does he have your number?	56
Does he know your number?	56
Don't be silly.	**79**
Don't bother.	79
Don't give up.	145
Don't let it get you down.	145

Don't mention it.	**102**
Don't panic.	**16**
Don't study too hard.	**33**
Don't work too hard.	**33**
Don't worry.	**103,159**

E

Either way.	**47**
Enjoy yourself.	**25**
Everybody does.	**120**
Exactly.	**168**

F

Fancy meeting you here.	**86**
Fantastic!	**22**
Fantastic.	**96**
Fine with me.	**47**
For example?	**169**
For sure.	**126**
Forget it.	**81**
Fortunately not.	**151**

G

Gee.	**105**
Give me a break.	**111**
Go ahead.	**17,48**
Good question.	**128**
Good suggestion.	**136**
Gosh.	**105**
Got you.	**158**
Gotcha.	**158**
Great idea.	**48**
Guess how?	**22**

Guess what?	**22**
Guess when?	**22**
Guess where?	**22**
Guess who?	**22**
Guess why?	**22**

H

Hang in there.	**145**
Have a nice flight.	**32**
Have a nice time.	**25,32**
Have a nice trip.	**32**
Have a nice weekend.	**32**
Have fun.	**25**
He left.	**54**
He went out.	**54**
He's not here now.	**54**
He's out now.	**54**
Here's to you.	**142**
Hey.	**105**
How are things?	**87**
How are you doing?	**87**
How can I help you?	**40**
How come?	**71**
How did you find out?	**118**
How did you know?	**118**
How's everything going?	**87**
How goes it?	**87**
How late can I call?	**57**
How's it going?	**87**

I

I'd be honored.	**41**
I admire you.	**161**

I agree.	136,168	I have one thing to say.	167
I already said that.	166	I haven't decided yet.	121
I already told you that.	166	I haven't seen you for a long time.	86
I beg your pardon?	63		
I bet.	152	I haven't the foggiest.	95
I can't believe it.	30	I hope you don't mind.	118
I can't hear you.	166	I knew it.	144
I can't wait.	129	I know a better way.	134
I couldn't help noticing.	118	I know it might seem a little rude.	118
I didn't get your name.	56		
I didn't know.	160	I know what you're doing wrong.	134
I didn't think of that.	49		
I disagree.	110	I know.	112,134
I don't agree.	110	I need your help.	78
I don't believe it.	30	I owe you one.	80
I don't care.	47	I promise.	24
I don't have the slightest idea.	14	I see what you're saying.	112
I don't know how I`ll ever be able to pay you back.	80	I see.	15,158
		I still don't know yet.	121
I don't know what to do.	103	I still liked it.	112
I don't know.	14	I suppose so.	31
I don't remember.	95	I think I can help you.	134
I don't think so.	72	I think so, too.	88
I don't understand what you`re saying.	167	I thought I told you.	94
		I understand how you feel.	112
I don't want to trouble you.	121	I understand.	15,158
I doubt it.	72	I was lucky.	151
I forgot.	95	I will treat you.	135
I go next.	129	I wish I could.	23
I guess so.	31	I work here.	94
I had a wonderful time.	89	I'd like to leave a message.	55
I have a favor to ask you.	39,78	I'd like to propose a toast.	142
I have no idea.	14	I'll consider it.	73

I'll decide later.	**73,121**	Is Richard there?	**54**
I'll do my best.	**33**	Is something the matter?	**70**
I'll drink to that.	**126**	It can't be.	**30**
I'll give it some thought.	**73**	It depends.	**127**
I'll pay.	**135**	It doesn't matter.	**47**
I'll see what I can do.	**33**	It really happened.	**153**
I'll think about it.	**73**	It shows?	**119**
I'll think of some way.	**135**	It turned out to be pretty easy.	**161**
I'll try.	**33,135**	It was easier than I thought.	**161**
I'll work on it.	**135**	It was good to see you.	**89**
I'm a little short on cash.	**137**	It was nice talking with you.	**89**
I'm afraid I can't.	**23**	It was ridiculous.	**111**
I'm all for that.	**168**	It was silly.	**111**
I'm fine for now.	**39**	It wasn't so bad.	**161**
I'm glad to hear that.	**16,120**	It wasn't so difficult.	**161**
I'm glad you like it.	**38**	It'll take forever.	**159**
I'm glad you mentioned that.	**128**	It'll take too long.	**159**
I'm impressed.	**161**	It's a great honor.	**41**
I'm in a fix.	**103**	It's all right.	**103**
I'm in your debt.	**80**	It's been a long time.	**86**
I'm looking forward to it.	**129**	It's been marked down.	**96**
I'm not so sure about that.	**72**	It's getting late.	**32**
I'm really excited.	**129**	It's half-price.	**96**
I'm really fed up.	**70**	It's kind of you to say so.	**38**
I'm sorry to hear that.	**16**	It's my turn.	**129**
I'm sorry, but...	**110**	It's no big deal.	**81**
I'm still thinking about it.	**121**	It's no big thing.	**81**
I'm sure you did.	**152**	It's not as simple as that.	**127**
I'm the next one.	**129**	It's not fair.	**71**
I've had enough.	**70**	It's not important.	**47**
If it's no trouble.	**41**	It's not right.	**71**
If you don't mind.	**41**	It's nothing to be ashamed of.	**120**
If you say so.	**110**	It's nothing.	**81**

It's OK.	14,103	Let's order another round.	145
It's on me.	135	Let's see.	46
It's on sale.	96	Let's split the bill.	137
It's on specail	96	Like what?	169
It's time o go.	17	Long time no see.	86
It's true.	153	Look at the time.	32
It's unfair.	71	Looks good.	49
It's wrong.	71	Luckily, no.	151

J

Just a thought.	72
Just as I expected.	144
Just as I thought.	144
Just curious.	64
Just joking.	15
Just kidding.	15
Just out of curiosity.	64

M

Make yourself at home.	38
Make yourself comfortable.	38
May I ask you a favor?	78
May I help you?	40
May I speak to Richard?	54
May I take a massage?	55
Maybe later, thanks.	39
Maybe some other time.	39
Maybe.	31,105
Me too.	46,88
My treat.	135

L

Later.	25
Let me give you some advice.	134
Let me say one thing.	167
Let me think.	46
Let's change the subject.	113
Let's do it again sometime.	89
Let's do something else.	113
Let's drink to our success.	142
Let's face facts.	113
Let's face it.	113
Let's forget it.	113
Let's go.	17
Let's keep our fingers crossed.	89
Let's move on.	113

N

Namely?	128
Naturally.	134
Neither do I.	88
No change.	87
No one told me.	160
No problem.	73,103,158
No way.	111,153
No, I'm afraid not.	88
Nobody knows.	62
None of your business.	143

Not at all.	102
Not bad.	14
Not exactly.	65
Not me.	63
Not really.	65
Not right now, thanks.	39
Not so much.	65

O

Of course, I will.	24
Of course.	134
Oh, come on.	111
Oh, dear.	102
Oh, no.	102

P

Pardon?	63
Perfect.	96
Please ask him to call me at xx-xxxx.	55
Please ask him to call me.	55
Please do.	48
Precisely.	168
Prosit.	142
Put it this way.	143

Q

Quite a bit.	119

S

Salud.	142
Same here.	88
Same old same old.	87
See ya.	25
See you around.	25
See you later.	25
Shall we go?	17
Shoot.	102
Skoal.	142
Smells good.	49
So am I.	46, 88
So do I.	88
So will I.	88
So-so.	14
Sorry to hear that.	23
Sorry, no.	88
Sounds good.	49
Sounds nice!	48
Speak of the devil.	86
Speed up.	158
Stay cool.	33
Sure is.	150
Sure, why not?	62

T

Take it easy.	16, 33
Take your time.	38
Tell him to call me.	55
Tell me.	128
Thank a million.	80
Thank you very much.	80
Thanks a lot.	80
That a good point.	128
That doesn't surprise me.	152
That goes without saying.	134
That reminds me of...	65

187

That reminds me.	65	That's shocking.	151
That would be good.	48	That's simple.	95
That would be nice.	24	That's terrible.	151
That would be wonderful.	24	That's the problem.	169
That's a good idea.	168	That's the way it goes.	31
That's a piece of cake.	95	That's the whole point.	169
That's a pity.	23	That's too bad.	23
That's a relief.	120	That's true.	49
That's a shame.	23	That's unbelievable.	104,153
That's a surprise.	30	That's very kind of you.	24
That's all.	97	That's what I mean.	169
That's amazing.	104,161	That's what I said.	166
That's an excellent idea.	136	That's your opinion.	110
That's awful.	151	The same as ever.	87
That's cool.	22	The same as usual.	87
That's correct.	40	The sooner, the better.	57
That's easy.	95	Then what?	150
That's entirely right.	168	There's a chance.	105
That's everything.	97	There's more than one possibility.	127
That's exactly the point.	169		
That's exactly what I mean.	168	There's no need for you to do that.	121
That's fantastic.	22		
That's good news.	126	There's no need to thank me.	102
That's horrible.	151	There's no time.	159
That's how it is.	120	Things can change.	127
That's impressive.	161	Think what you want.	110
That's interesting.	22	This is my company(office).	94
That's it.	97	This is the last time.	70
That's life.	31	This is where I work.	94
That's neat.	22	Time will tell.	30
That's not true.	110	To tell you the truth.	143
That's possible.	105	To your health.	142
That's right.	40	Trust me.	159

W

We don't have time.	159
We haven't seen each other for ages.	86
We'd better get going.	17
We'll find out later.	30
We'll have to see.	127
We'll see.	30
We're finished.	97
Well,well. This is a surprise.	86
What a coincidence!	104
What a small world!	86
What am I going to do?	103
What can I do for you?	40
What do you have in mind?	169
What do you mean?	167
What for?	78
What happened next?	150
What is your name?	56
What should I do?	103
What time of day is best to call?	57
What's that?	128
What's the mater?	70
What's wrong?	70
What's your point?	167
When's the best time to call?	57
Where did you get that idea?	118
Wherever you like.	136
Which is?	128
Who knows?	62
Who told you?	118
Why didn't I think of that?	136
Why do you ask?	64
Why?	71,78
Will do.	158
Will that be all.	97
Without a doubt.	126
Wonderful!	22
Wonderful.	96
Wow.	105

Y

Yes and no.	14
You bet.	73
You can count on me.	79
You can depend on me.	79
You can say that again.	160
You can trust me.	79
You could say that.	160
You don't have to do that.	79
You finished?	97
You know what?	152
You never know.	105
You noticed?	119
You sure about that?	104
You won't be disappointed.	159
You're joking.	153
You're right.	49,168
You're welcome.	73
You're wrong.	110
You've already done so much for me.	121

浦島　久（うらしま　ひさし）

1952年北海道豊頃町生まれ。小樽商科大学（経営学）、帯広畜産大学修士課程（農業経済）を修了。大学卒業後に松下電器産業株式会社（現社名：パナソニック株式会社）へ入社するが、1977年に北海道へUターンし、帯広市にて英会話学校「イングリッシュハウス・ジョイ」を設立。現在は、ジョイ・イングリッシュ・アカデミー学院長、小樽商科大学特認教授、フォトグラファーとしても活動中。著書に『英会話3行革命』（IBC）、『1分間英語で自分のことを話してみる』（共著、中経出版）、『英語で「日本」を話すための音読レッスン』（共著、日本実業出版）など多数。趣味は、音楽（ジャズ）、カーリング（世界シニアカーリング選手権2009、2010、2013、2014出場）。

ブログ「浦島久の玉手箱」
http://www.joyworld.com/blog/

使える英会話鉄板表現160

2016年7月15日　第1版第1刷発行

著：浦島　久

協力：クライド・ダブンポート

装丁：松本田鶴子
表紙イラスト：ふるやたかし

英文校正：ソニア・マーシャル

本文イラスト：おぐらきょうこ、あべゆきこ

発行人：坂本由子
発行所：コスモピア株式会社
　　　　〒151-0053　東京都渋谷区代々木4-36-4　MCビル2F
　　　　営業部：TEL: 03-5302-8378 email: mas@cosmopier.com
　　　　編集部：TEL: 03-5302-8379 email: editorial@cosmopier.com
　　　　http://www.cosmopier.com/（会社・出版物案内）
　　　　http://www.cosmopier.net/（コスモピアクラブ）
　　　　http://www.kikuyomu.com/（多聴多読ステーション）
　　　　http://www.e-ehonclub.com/（英語の絵本クラブ）

印刷・製本：シナノ印刷株式会社
録音：財団法人　英語教育協議会（ELEC）、株式会社メディアスタイリスト
CD制作：株式会社メディアスタイリスト

©2016　Hisashi Urashima

毎日の生活がまるごと英語トレーニングの場になる！

Act in English　Meaningful　Authentic and Personal

英語習慣をつくる！
日常まるごと英語表現ハンドブック

田中茂範／阿部 一　共著

全国書店で絶賛発売中！

これ1冊で「ほぼ」何でも言える！

　日常生活を「朝、目覚めて」「電車に乗る」「会議と発表」「子どもの学校」などの38の場面、「人事考課と給与」「子育て」「介護」「音楽」などの20の話題に分類。さらにそれぞれを「動詞表現」「名詞・形容詞表現」「文表現」に分けてネットワーク。

　本書を片手に英語を生活の中へ、生活を英語化する！　そして自分の英語My Englishをつくろう！

A5判　665ページ　定価　本体2000円+税

英語習慣をつくる
1日まるごと表現600プラス

忙しい社会人のための最短学習方法

本書では、朝、通勤、仕事、スキマ時間、家事、アターファイブなどの項目ごとに、生活習慣のコアになる基本表現を集めました。さらに色々なシチュエーションに対応できるように、現在形とともに、疑問文、否定文、進行形、過去、現在完了、未来を表す表現も並列し、より活用できる表現集になっています。自分の日常生活を題材にすれば、生活に根ざしたリアリティのあるものとして、英語はグングン自身自身の中に定着します。

コスモピア編集部 編
B6 判書籍 288 ページ
＋ CD-ROM（MP3 音声 4 時間）

定価 本体 1,600 円＋税

声に出す！
英語習慣100日手帳

100 日分の英作文課題

本書は『英語習慣をつくる1日まるごと表現600プラス』の姉妹編です。本書が提案するのは、ひとりひとりの日常生活の英語化。自分にとってリアリティのある英語なら、すんなり身につくものですし、感情を込めて話すこともできます。100 日間、課題に沿って自分のことを英文で表現し、声に出して言ってみましょう。100 日繰り返せば、英語を口にする習慣がきっと身につきます。

監修・著者：田中茂範
コスモピア編集部 編
B6 判書籍 173 ページ＋音声無料ダウンロード

定価 本体 1,300 円＋税

表現英文法　増補改訂版

表現する視点に立って英文法を体系化

従来の文法書の問題点は、「文法の全体像が欠如」しているため、知識がバラバラになりがちなこと。また、「説明力が不足」しているため、読んでも納得感が得られないこと。本書は、たくさんの文法項目が有機的に関連し合った全体像を示し、「何をなぜ学んでいるか」「何を学べばいいのか」「自分は文法のどこが弱いのか」といった疑問に答える文法書です。

著者：田中 茂範
A5 判書籍 722 ページ

定価 本体 2,000 円＋税

話すための
表現英文法トレーニング

『表現英文法・増補改訂版』対応

「文法のための文法」ではなく、英文法を使いこなせるものとして自身の中に定着させ、英語コミュニケーションの土台を固めるための練習帳です。本書では、「整理→定着→実践」の流れに沿って、空所補充、並べ替え、二択などのさまざまなエクササイズを組み合わせた、最適なトレーニングメニューを用意しています。

著者：田中 茂範、岡本 茂紀
A5 判書籍 222 ページ＋
音声無料ダウンロード

定価 本体 1,600 円＋税